りゅうりゅう

ASCENSION

浄化、そして
アセンションへ

PURIFICATION

JN045448

Clover
クローバー出版

浄化、そしてアセンションへ

———— りゅうりゅう

はじめに

この本を手に取っていただき、ありがとうございます。この本の主旨は、タイトルの通り、浄化による運氣アップと地球5次元アセンションについての解説になります。

目的としては、本当の自分と出会い、その真なる自分と共に歩み、5次元アセンションへ意識を向けて、人生を向上させてほしいという思いが込められています。

また、スピリチュアルに関して全くの初心者であっても理解できるように、なるべくわかりやすくまとめてみました。すべてを網羅しているわけではありませんが、この本を読めば、基本的なことはわかるようになると思います。

個人的にあれこれ調べていくのでは、非常に大変な作業になってしまいます。その手間を省くためにも、重要と思われる項目をこの一冊に凝縮してみました。

内容は、チャネリングメッセージによるものを多用

しています。チャネリングとは、意識を繋げて読み取ることです。高次元霊や宇宙種族（宇宙人）との交信でよく使われる手段です。ここで氣を付けなければならないことは、受信する人によって受け取り方が違うということです。また、発信している側が本当に自分の意図している存在なのか、その存在が正しく伝えているかということもわかりません。すべてを鵜呑みにすることはできないということです。その内容を自分でしっかり吟味する必要があります。そういった点も考慮して、ブレていないと思われる内容を取り上げて、まとめています。

　浄化は間違いのない開運法なので、中心として取り入れました。浄化をするところに光が差し込んで来ます。光が差し込むところに幸せが広がり、豊かになっていくという考えに基づいています。

　また、浄化だけでは、推進力が弱いため、第4章「言霊とアファメーション」で、目標設定とアクセルの役目として取り入れました。

　そして、最初に断っておきますが、第5章の「5次元アセンション」の内容は、宗教に入っている人から

見れば、かなり賛否両論が出ると思っています。しかし、「こういった考え方もあるんだな」というぐらいで捉えていただければ幸いに思います。外に心の拠り所が無くなった場合、最後は自分軸に立つしかありません。

これからは、自分で考え、自分で判断していく時代に入っていきます。と言うのも、これからは「何が正しくて、何が間違っているのか」「何が真実で何がフェイクなのか」、全くわからなくなるぐらいの混沌とした情報化社会になっていくと見ています。また、信じていたものが嘘だったということもあります。そうなると、しっかりとした自分軸を持ち、自分で判断できる知恵と感性を持っていないと様々な情報に踊らされ、情報の取捨選択ができなくなってしまいます。

外的要因に振り回され、自分を見失い、人間不信や、社会不信に陥らないためにも、先に手を打つ必要があると感じ、この作品を執筆したという経緯があります。

自分軸についても、本当の情報に出会わなければ、エゴの自分軸に振り回されて、さらに迷走していくことが目に見えています。そういったことも考慮してま

とめています。

　ブレない自分軸を持つことができれば、世の中がどう変化しようと、動じないで対処していけます。

　何を信じ、何の道を進み、何を選ぶのかは、一人ひとりの自由意思に任されています。少なくとも、自分軸ができていれば、恐るるに足らずです。自分で判断して動いていけます。そうした勇気と、自信と、自分を取り戻すために書いた本でもあります。

　あなたの人生に少しでも役立つ内容があれば幸いに思います。また、ひとつの考え方として、意識を広げていただけたら光栄に思います。

りゅうりゅう

目次

第1章

身体の浄化

まず初めに、『身体の浄化』ということを話していきたいと思います。身体（肉体）は神（創造主）からいただいた魂の大事な乗り物であると言われています。この地球で生きていくための必要な機能をすべて備えた完璧な乗り物であると言われています。また、魂の大事な社(やしろ)であります。

　しかし、いくらスピリチュアルな事に精通していたとしても、いくら魂が主で肉体は従だからと言っても、肉体を疎かにするとバランスを失ってしまい、身体にも、人生にも悪影響を及ぼしてしまいます。

　例えばクルマにしても、常に愛情をかけて、整備されて、ピカピカに磨かれ、内装もきれいに掃除されて清潔なほうが乗っていて氣持ちがいいと思います。神社であっても、常に清掃されて、手入れが行き届いた神社には、清々しい爽やかな神氣が流れています。

　それと同じように、日々健康を心掛け、身だしなみに氣を付けるということが、人生をより良く生きていくためや、運氣を上げていくためにも大事であると考えています。現代では、臓器移植や義手や義足などの技術も進んでいますが、基本的には、今ある体（肉体）

を大事にし、それで一生を終えることを念頭に置いて生きていくことが大事だと考えています。生まれつき障碍があられる方は、別として考えてください。

　では、『身体の浄化』をしていくためには、どのようにしていけば良いでしょうか？　基本的には、身体の内側も外側もきれいにし、健康を保っていくということが大事になると思っています。

　スピリチュアル的に言えば、大天使ミカエルは「きれいな水をたくさん飲むことによって、体内の不純物を排出していくことができる」と言っています。きれいな水を飲んで体を浄化していくということは、大天使ミカエルだけでなく、日本の水の神様である瀬織津姫や龍神たちも言及しています。飲み過ぎも危険ですが、1日1〜2Lぐらいは飲むと良さそうです。一気に飲むのではなく、こまめに取り入れるほうが良いとのことです。

　日々きれいな水を飲んでいくということを前提として、心掛けていきたい具体的な項目を紹介していきたいと思います。これは私の主観でまとめたものなので、

あくまで参考にしてください。載せていない項目（食事や睡眠など）もありますが、それらは意見も分かれ、多岐にわたってしまうため、割愛させていただきます。

1. オーラルケア

口は、食べ物や栄養を取り入れる大事な部位であり、『言葉を発する』という伝達手段としても、とても大事な人体の部位です。そういった意味で、第一に取り上げさせていただきました。浄化という観点を抜きにしても、口の中を清潔に保つことは、むし歯予防、口臭予防というエチケットのためにも役立ちます。口内の雑菌を抑えることによって、健康促進にも繋がっていきます。

ここでは、毎日している歯みがきに、ひと手間、ふた手間を加えて、むし歯や口臭の無い爽やかな口腔環境を整えていきましょう。

まず、歯みがきを歯ブラシ1本だけで済ませようとすると、主だった歯の表面しか磨けません。歯と歯の間や、凹みの部分や、歯周ポケットにも気を配ること

が重要です。少なくとも、デンタルフロスか糸ようじを常備し、1日1回は、歯と歯の間すべてに通して汚れを除去していきましょう。しっかりと両サイドの歯と歯茎に糸を押し込み、こするように滑らすのがコツです。

　凹みの部分は、歯間ブラシを使って掻き出すと、汚れは落ちます。歯周ポケットは、歯ブラシの毛先が極細になっている歯ブラシを使用し、歯周ポケットを意識しながら歯茎を磨くようにブラッシングすると汚れを掻き出せます。この習慣を身に付けるだけでも、浄化に対する意識が根付いていくので、やっていただきたいです。さらに「私は舌ブラシも使って、細かく氣を付けています」という人は、完璧で申し分ありません。

2.　入浴

　一日を過ごすと、どうしても体に汚れは付いてしまいます。よほど疲れて動けない時以外は、お風呂に入るか、シャワーを浴びて、しっかりと体を洗い、一日

の汚れを落としていきましょう。

　汚れを落とし、疲れを取るためには、入浴は欠かせません。湯船に浸かって、のんびり寛ぐことは、リラックスしていく上でも大切です。

　ここでお勧めなのは、湯船にバスソルトやエプソムソルトなどの入浴剤を入れることです。バスソルトは海塩の粗塩、岩塩などの天然塩を浴槽150Lぐらいに対して100〜200gと少し多めに入れることをお勧めします。塩が少ないと、浄化の効果が出ないと言われているからです。塩風呂には、発汗作用、保温効果、保湿効果、殺菌効果もあります。20分ぐらいゆっくり浸かることが前提ですので、40℃前後で長く入っていられる温度に設定しましょう。

　エプソムソルトは、海塩や岩塩とは成分が違い、硫酸マグネシウムでできています。エプソムソルトも濃度が0.1%未満では効果が薄いため、0.1%以上での使用を勧めています。お湯150Lに対して、150gから300gです。美容にも良く、邪氣が祓われるということで、私も試してみましたが、確かに肌の回復が感じられ、気分もすっきりしました。個人的には30分

ぐらい浸かっていても問題なかったのですが、20分以内の入浴が注意書きされていました。次に入る人がいる場合は、必ず湯船のお湯は入れ替えるようにしてください。そのまま二番風呂に入ってしまうと、前に入っていた人の邪氣を取り込むことになり、浄化にならないからです。

3.　アロマテラピー入浴法

　今回イチオシで紹介したいのが『アロマテラピー入浴法』です。「アロマテラピーという名前は聞いたことがあるけど、どんなものかよくわからない」「小ビンに入っているのを見たことがあるけど、使い方がよくわからない」という人が多いのではないかと思います。そのような人でも、簡単に使えて、効果を実感できる方法として『アロマテラピー入浴法』を紹介したいと思います。

　アロマテラピーとは、植物（草や花や果実の皮など）のエッセンスを凝縮させて抽出した天然100％の精油（エッセンシャルオイル）を使用し、精油を通してそ

の植物の生命エネルギーを身体に取り入れ、心や体を癒して改善していくという療法です。即効性のあるものではありませんが、植物のエッセンスを身体に取り入れるため、それによる何らかの作用があります。精油の種類によっても、どんな症状を和らげるのか、どんな作用を及ぼすのかは違ってきます。人によって、合う精油、合わない精油も出て来ます。なので、最初は「何に効くから」という観点で精油を選ぶのではなく、自分が心地よいと感じる香りで精油を選ぶことをお勧めします。

　アロマテラピーの使用方法は、香りを嗅ぐ吸引法が一般的ですが、本来は、マッサージオイルとして使用するのがいちばん強力です。しかし、アロマテラピーマッサージは一人ではできません。知識や技術も必要なので一般向けでもありません。そこで、ここではアロマテラピーマッサージに近い効果を期待できるアロマテラピー入浴法を紹介したいと思います。

　今回は初めての人を対象とするため、精油はラベンダー油をお勧めしたいと思います。ラベンダー油は肌に優しく、落ち着いた香りで、幅広い商品にも使われ

ており、抵抗感が少ないと思われるからです。

　精油には、どれも強い殺菌効果があります。精油の成分は、皮ふや粘膜を通り、血液やリンパに浸透して全身に行き渡ります。精油を使用するにあたっての注意事項は、「原液をそのまま肌に付けたり、原液を直接飲用してはいけない」ということです。原液はあまりにも濃すぎるため、人体に直接使用するのは危険です。通常、精油はその用途に合った濃度に調整して使用します。今回は入浴剤（アロマオイル）として使用するため、濃度は１〜３％に薄めて使用していきましょう。

　精油は、水やお湯に溶けないため、人体に直接使用する場合は、キャリアオイルで薄めます。キャリアオイルには、ホホバ油、アボカド油、グレープシード油などがあります。ここでは、ホホバ油をお勧めしたいと思います。ホホバ油は液体ワックスとも言われていますが、使用後にベタ付き感が無いのが特徴です。ホホバ油は、精製された透明なオイルと、精製されていない黄色いオイルの２種類ありますが、どちらでも大丈夫ですので、好きなほうをご使用ください。

では次に、入浴剤（アロマオイル）の作り方を説明します。浴槽の大きさは、1人用の浴槽として話を進めていきたいと思います。

　まず、入浴剤を作るための容器を1つ用意してください。ガラス製か陶器製のおちょこがお勧めです。作る量は、5〜7mlぐらいの少量です。目安としては1滴が約0.04〜0.05ml、100滴で4〜5mlぐらいです。1滴ずつ出る商品であれば、ホホバ油120滴に対して、ラベンダー油1〜3滴を用意した容器に入れます。両方入れたら容器を軽く振るだけですぐに溶けて混ざります。これで入浴剤は完成です。

　精油の濃度は、直接肌に付ける場合、日本の規定では1%以下に薄めることになっていますが、個人的な意見としては、海外では2〜3%が標準なので、3%以内であれば問題ないと思っています。但し、『濃い』よりも『薄い』ほうが効果は高いようです。イメージとしては、『濃い』とクルマが渋滞して流れが悪い感じ、『薄い』とスイスイ流れていくような感じでしょうか。分量は慣れてきたら自分で調整してください。私は、

おちょこ３分の１ぐらいホホバ油を入れて、そこに３
〜４滴精油を入れて作っています。

　次に浴槽の湯量についてお話しします。これは意外
に大事なことで、必ず、首まで浸かってもお湯が浴槽
から溢れ出ない高さに設定してください。ザブーンと
こぼれるぐらいまで湯を張ってしまうと、せっかく
作った入浴剤がすべて外に流れ出てしまうからです。
そして、お湯の温度は、20 〜 30 分入っていられるぐ
らいの温度 40℃前後に調節しておきます。長風呂に
なるので、水分補給の水を用意しておくとよいでしょ
う。湯船に浸かる前に、体を洗い、シャンプーも済ま
せておくことが大事です。なぜなら、入浴剤を入れた
湯船に入ることは、アロマオイルで体をコーティング
するようなものだからです。

　ここまで準備ができましたら、先ほど使った入浴剤
を浴槽に入れて、手や足でしっかりかき混ぜます。こ
こで注意したいことは、風呂用の手桶などでかき混ぜ
ないことです。手桶でかき混ぜると、桶にアロマオイ
ルがべったりと付いてしまうからです。手や足でしっ
かりかき混ぜたら、あとは普通に入って、湯面に浮い

ているアロマオイルを手に取って、体全体に馴染ませ
るように擦っていきます。

　ここでスピリチュアルなことを取り入れたいと思い
ます。ここで取り入れたいことは第３章で紹介する『シ
リウスの天使たちからの瞑想法』のステップ２とス
テップ３です。この２つをアレンジして身体への感謝
を伝えます。
　湯面に浮いているアロマオイルを手のひらに付け
て、「足の指さん、今日も一日ありがとう」と声に出
して言いながら、足の指１本１本を優しくマッサー
ジしていきます。次に「足の裏さん、足の甲さん、く
るぶしさん、かかとさん、足首さん、今日も一日頑張っ
て歩いてくれてありがとう」と言いながら、足全体を
マッサージしていきます。マッサージは、優しく撫で
るか、軽く揉むなどしてください。少し圧力を加えて、
手のひらをゆっくり滑べらせていくという方法もあり
ます。これは、アロマテラピーマッサージで使われる
技法です。肌のカサつくところや、痛いところを労り
ながらしっかりマッサージをしていきましょう。

　マッサージが終わったら、リラックスして寛いでください。20分以上経てば、精油の成分はしっかりと体内に浸透しています。ほどよいところで湯船から出て、お湯のシャワーで軽く汗を洗い流して終了です。油分が気になる人は、ボディソープを使ってしっかり洗ってもいいのですが、ホホバ油のコーティングは落ちてしまいます。

　※（注意）：入浴後は、浴槽の栓を抜き、洗剤を使って、浴槽の掃除と、風呂床の掃除をして、油分をしっかり洗い流してください。床は滑べりやすくなっているので要注意です。

　また、次の人が風呂に入る場合は、新たに入浴剤を作って入れてください。そのままの状態で二番風呂に入っても、アロマオイルのカスしか残っていないため、効果は得られません。

　風呂から上がってバスタオルなどで体を拭いたあとは、乳液や化粧水などを付ける必要はありません。風呂から上がると「意外にベタついているなあ」と感じるのですが、汗が引いて乾くと、不思議なことにベタ

つきは無くなっています。テカリなども無く、スベスベになっています。冬場などは、肌を掻いた時に出る肌の粉吹きも治まっていました。

　アロマテラピー入浴法で、「私はどうしてもラベンダー油以外で試したい」という人は、肌の若返りに効くと言われているフランキンセンス（乳香、オリバナム）油や、乾燥してかゆみのある肌に効くと言われているカモミール油なんかもいいと思います。お金は気にしないから、どうせなら最高峰のものを試してみたいという人にはバラ（ローズ）油が断然お勧めです。バラ油には、ローズオットーとローズアブソリュートの2種類ありますが、入浴法としては、香りの良いローズアブソリュートがお勧めです（必ず製品の仕様説明をお読みください）。治療目的ではないので高価なローズオットーを使わなくてもよいでしょう。但し、好みはありますので、気に入ったほうを使用してみてください。

　アロマテラピーは、1種類の精油だけを使うよりは2〜3種類の精油をブレンドして使うほうが、相乗効果が出ます。相性の良い精油どうしをブレンドして、

自分のレシピを作っていくというのもアロマテラピーの楽しみのひとつです。

　アロマオイルを多く作り過ぎた場合は、ふたの閉まるガラス製の小ビンに入れて保存し、なるべく1週間以内に使い切るようにしましょう。精油は酸化しやすく、酸化すると劣化していきます。なるべく新鮮なうちに使い切ってしまいましょう。アロマテラピー入浴法は、自然由来、天然由来のものにこだわる人には、ぜひ試していただきたいと思っています。

　万が一、使用してみて、ラベンダー油もホホバ油も全く肌に合わないという場合は、肌への使用を止めてください。肌へ使えなくても、他にも使い道はあります。その使い方を説明します。

　入浴剤（アロマオイル）と同じ要領で少し濃い目（10％ぐらい）にアロマオイルを作ります。そのアロマオイルで革製品（財布、ブーツ、革ジャン、バッグ等）や、フローリング、木製品、木枠、畳などのツヤ出しにも使えます。ウエス（布きれ）に付けて磨いていくと、明るく蘇ります（革の種類によっては色変わりするケースもあります。ご注意ください）。

精油の消費期限が多少切れても、このように他にも使い道はあるので、興味を持たれた方は、ぜひチャレンジしてみてください。

　最後に、入浴法としてアロマテラピーを紹介しましたが、依存症になってしまうのもよくないので、たまには塩風呂による浄化の日などを取り入れて、バランスを取っていきましょう。入浴法もバランスを取ってメリハリをつけていくと、ワンランク上の入浴習慣を身に付けることができます。何気ない入浴時間も、工夫することによって、優雅で、有意義な時間も過ごすことができます。日常を楽しみながら、豊かな時間を過ごして参りましょう。

4. 適度な運動

　身体の浄化ということを考えていく時、血液の巡りや氣の巡りということが重要になってくると考えています。そのためには、どうしても健康的な肉体を作り、維持していくことが大切になってきます。そこで必要になってくるのは、生活リズムの改善、食生活の見直

しや改善、そして運動を取り入れて肉体を強化していくことだと思っています。

　ところが、今の日本の食料事情では、人工甘味料や食品添加物、農薬汚染などで、なかなか食生活の改善だけでは健康を維持することが難しくなっています。

　私も警備の仕事をしていた頃は、運動する時間も余力も全く無かったため、食事制限やサプリメントだけで何とか改善しようと努力していました。スピリチュアルな事もしっかりやっていけば問題ないだろうと考えていました。しかし、健康を維持することはできませんでした。

　運動をやめて 15 年も経つと、体重は 75kg から 95kg まで増え、穿けるズボンも無くなりました。15m ぐらいの横断歩道も走っただけで、動悸、息切れ、頭痛、指先のしびれが出たことに衝撃を覚えました。運動していた頃は、10km マラソンを 41 分ぐらいで走れる能力はあったのに、まさか、ここまで劣化しているとは思いもよらなかったです。これは明らかに食生活だけの問題ではなく、運動不足が原因であると、はっきり自覚した瞬間でした。さすがに、スピリチュアルの力

だけで、どうにかなるとは思えなかったのです。

　この地球で生きていくには、スピリチュアルだけでは足りず、魂を宿している肉体もしっかりケアをしていかないと、健やかで、行動力のある、有意義な人生を送っていけないことを実感しています。新陳代謝を上げ、筋力アップや若さを保つためには、やはり何かしらの運動を取り入れることが必然になってきます。風呂やサウナでの発汗だけでは、筋肉、体幹、骨や関節などを鍛えることはできません。内臓脂肪を落とすこともできませんでした。私はどちらかと言うと太りやすい体質なので、健康を維持するためには、適度な運動を続けていくしかなかったのです。

　では、どのような運動をすれば良いのでしょうか？自分が興味のあるもので、一人でもできるものが良いと思います。できれば、スポーツクラブや道場などに通うほうがベターです。他者や仲間や、師匠がいるところでやるほうが、スイッチが入ります。知り合いが増えてくれば、楽しく通えます。いろいろな学びを得ることもできます。

　ストレスや欲求不満の溜まっている人は、ボクシングやキックボクシングなどのサンドバッグを叩くようなものがいいかもしれません。武道に関心がある人なら、空手、柔道、合気道、剣道、少林寺拳法、太極拳といったものもあります。ダンス系や、ヨガや、水泳などもいいと思います。もっと手軽なものから始めたいという人は、ウォーキングやジョギングがお勧めです。そういった有酸素運動に、ストレッチや、腕立て伏せなどの筋トレを加えていけば体は締まっていきます。

　私は、ウォーキングから始めることにしました。最初は30分ぐらいから始め、軽く汗が出るぐらいまで歩いてみます。姿勢を正して、腹筋、お腹回りを意識して、ノリのいい音楽を聴きながら歩いています。慣れてからは、1時間以上歩けるようになりました。

　1か月で体重は増えたり減ったりしていますが、93kg前後と、ほぼ変わらずです。お腹回りも104cm前後と、大して変わっていません。数値で見るとほとんど変化はないのでショックはありましたが、筋肉が付いてきて、少しずつ締まってきているのを感じます。

脚の付け根が伸ばせるようになってきたのは、ちょっとした変化です。

　2か月目からは少し気合いを入れて拍車を掛けるため、アファメーションを取り入れました。まず、家から出発する時に、「わが全細胞よ、目覚めよ、活性化せよ、輝きを放て」と10回声に出して言い、体にスイッチを入れてからスタートしています。ウォーキング中は、思い付いたら「どんどん良くなる、どんどん良くなる」とつぶやきながら歩いています。気分が乗っている時は、「愛してます・ついてる・うれしい・楽しい・感謝してます・しあわせ・ありがとう・ゆるします」の天国言葉を唱えながらウォーキングしています。さすがに1時間も唱え続けるのはキツいので、10〜15分を目安にしています。

　30分くらいジョギングできるように早くなりたいのですが、現時点では、200mぐらいで心臓に来てしまうので、無理はしません。内臓脂肪は相変わらず頑張って付いていますが、汗が出るまで、ほぼ毎日しっかりウォーキングしているので、あとは時間の問題だと思っています。体はすべて繋がっているので、お腹

がどんなに頑張って脂肪を蓄えようとしても、お腹の脂肪は、他の筋肉で脂肪を消費しているところへ少しずつ流れ始め、徐々に減っていくと考えています。結果を焦らず、地道に続けていくことが大事だと思っています。

　最後に、私のお勧めのスポーツは水泳です。一見、ハードルが高いと思われがちですが、泳げるようになると有酸素運動にも、無酸素運動にも、疲れを取るためのリラクゼーションにも使えるため万能です。全身の筋肉をバランスよく付けていくのにうってつけのスポーツです。泳法は、自由形（クロール）だけで十分です。水着と、スイムキャップと、ゴーグルとタオルは必需品ですが、一度揃えてしまえば、あとは楽です。
　たいていのプールは、ウォーキングコース、初心者コース、中・上級者コースと、コースロープによって区分けされています。自分の泳力に合ったコースで泳ぐのが前提です。ほとんどのプールでは、右側通行が原則で、途中で止まらずに向こう側までしっかり泳ぎ切ることが基本ルールとなっています。あと、同じコー

スを泳ぐ周りの人に迷惑を掛けないように泳ぐのがエチケットです。バタフライは両手を広げて泳ぐため幅を取ってしまい、対向して泳いでくる人にぶつかる危険があります。平泳ぎは、キックをした時に他の人を蹴ってしまう場合があります。スピードも遅いです。背泳ぎは、上を向いて泳ぐため、周りが見えません。慣れている人は、どの泳法でも対応できますが、自由形で泳ぐのがいちばん無難です。この辺のことまで考慮できれば問題ないでしょう。

　最初は、ビート板（板状の練習用具）を使ってのバタ足の練習をお勧めします。これは泳げない人でもできると思います。やり方は、まずビート板の前方を両手でしっかり掴み、両手は伸ばします。背筋を伸ばして、足も足首も、足先までしっかり伸ばします。顔は水中につけても、顔を上げたままでも構いません。顔を水面につけると周りが見えなくなるため、顔は上げたままのほうがよいと思います。足首から足の甲を意識して、水面から足が出るか出ないかの位置でバタ足をします。足を上下交互に細かく動かすことがコツです。この際、膝は曲げないようにします。スナップ

を利かせるためにわずかに曲げるのは問題ないです。最初は25mでもキツいですが、慣れてくると500〜1000mと泳げるようになります。筋力が付いてくるとスピードも付いてくるため、上達度がよくわかります。全身を伸ばして、お腹を凹ませて、板キックができるようになってくると、下半身とお腹回りがスッキリしてきます。このバタ足は、自由形（クロール）を泳ぐ上で、バランスを取りながら足腰を浮かせ、推進力を付けるためにも非常に重要です。全く泳げない（自由形を泳げない）人は、このバタ足をマスターしてから、個人レッスンなどで泳法を教わると習得が早いです。

　泳げる人は、自分の体力に合わせて泳ぎ込んでいきましょう。たまにはダッシュ（全力で泳ぐ）を取り入れると筋肉が締まります。ゆっくり泳げば、筋肉はほぐされて、体の疲れも取れます。筋力アップにも、リラクゼーションにも、心肺機能強化にも使える水泳はお勧めです。

5. 身だしなみ

　身体の浄化、すなわち汚れや穢（けが）れを祓うという観点で考えていくと、身だしなみを整えるということも大事になってきます。爪を切る、整髪をする、ひげを剃る、鼻毛を切るなどの無駄毛の処理をする、デオドラント対策をするなど、エチケットに氣を付けることは、普段から心掛けていきたいものです。

　下着や靴下などは臭いが落ちなくなったり、よれてきたりしたら買い替えて、なるべくきれいなものを着るようにしましょう。年に数回しか着ない服は何年か持ち越しても流行遅れぐらいの問題しか起こりませんが、普段着ているものを何年も着続けていると、服に疲れた氣が宿ってしまい、それを着ると疲れたり、くたびれた氣が移って来て、運氣も低下してしまいます。物を大事にすることは大切なことですが、半年か年に１回ぐらいは買い替えのタイミングを作ったほうが、リフレッシュできて、気分よく、爽やかに過ごすことができます。

　足元も大事です。通勤に使っている靴も、かかとが

擦り減っていたり、よれてきたと思ったら、新しい靴に買い替えましょう。Ｙシャツやスーツなどもクリーニングに出すか、洗濯後にアイロン掛けをするなどして、清潔感を出していきましょう。高価なものを身に着ける必要はありませんが、常に清潔感を第一に考えて、身だしなみを整えることが大事に思います。身だしなみに氣を付け、折り目正しい生活を心掛け、自ら運氣を上げていきましょう。

第 2 章

部屋の浄化

身体を浄化しても、普段住んでいる部屋が汚れていると、どうしてもその汚れに染まってしまいます。運氣を上げ、上質な人生を歩み、日々清々しく生活をしていくためには、家や部屋の浄化は欠かすことができません。日々生活していれば、埃は溜まり、汚れもあちこちに広がっていきます。それを放置していくと、汚れが溜まるだけでなく、物を片付けるのも億劫になり、だんだんと足の踏み場も無くなっていきます。そうなると身動きが取れず、片付ける氣力も、掃除する氣力も無くなって、ゴミ屋敷のようになっていきます。結果、部屋は氣が枯れて、澱んだ氣が充満し、いわゆる貧乏神が鎮座している状態になってしまいます。

　貧乏神は負のエネルギーを引き寄せてくるのでとても厄介です。氣力の低下や、不健康、不健全な生活を引き寄せ、細かな出費（浪費）を増やし、良からぬものをどんどん引き寄せ、運氣を低下させていきます。お金や富は増やしてくれないけど、どうでもいい物はどんどん増やしてくれます。なぜかわからないけど、お金はどんどん無くなって困窮していきます。こんな感じなので、貧乏神に棲みつかれても、あまりいい事

はありません。

　家の中に居る貧乏神は部屋を掃除されて、きれいに
なってしまうと居場所が無くなってしまうため、掃除
をさせないように妨害してきます。「汚れてきたから
掃除しなくちゃ」と思っても、他のことへ氣を逸らせ
たり、「疲れているから明日でいいや」というように
先延ばしに仕向けてきたりします。まずは、その妨害
から脱出していきましょう。

　部屋の浄化は、空間をすっきり清潔に保つというこ
とがポイントになります。氣の澱みを解消し、清浄な
空気を循環させるということが大事になってきます。
空気清浄機を置くということも手段のひとつですが、
それだけでは根本的な解決にならないので、ここでは
掃除について話していきたいと思います。毎日掃除を
する時間も、氣力も、余力も無いという人であっても
大丈夫です。ほんの少しやる気スイッチを入れて、氣
になる場所からやっていけば、すぐに形勢は逆転して
いきます。

　いきなり全部大掃除しようとすると大変で諦めてし

まうので、一箇所ずつ丁寧にやっていきましょう。『丁寧に』とは、埃をしっかり取り除き、磨いて、整頓するというところまでです。そこまでやると、そのきれいになったところから爽やかな明るい氣が発せられ、清浄な空間ができ上がります。穢れを祓うことによって、神氣を呼び込み、清らかな波動、美しい波動、豊かな波動、幸せな波動が発せられるというイメージです。

　では、まずは、洗面台の鏡を磨くというところから始めていきましょう。洗面台回りは毎日使う場所で、手始めに掃除しやすい場所です。洗面台の上に置いてある物をすべてどかして、水とクリーナーを使ってきれいにしていきましょう。水栓のレバーハンドルなどの金属はメラミンスポンジなどを使って水垢を落とし、磨いてみましょう。鏡も洗面台も、水滴はタオルなどでしっかり拭き取ります。水滴は水垢の原因となるため、こまめに拭き取ることをお勧めします。鏡と洗面台がきれいになったら、洗面台の上に置いてあった物を整えて戻せば完了です。この時、洗面台に置く

物はなるべく最小限にして、残りは収納棚に入れることが望ましいです。

　掃除は、部屋のどこも大切なのですが、水回りは汚れやすく、邪氣も溜まりやすいので、キッチン、洗面所、トイレ、風呂場は特に氣に掛けて掃除していくことをお勧めします。キッチン回りは、掃除をする上で、いちばん手強い場所です。洗い物（食器類）はすぐに溜まるし、生ゴミは出るし、コンロ回りや換気扇はすぐに油汚れが酷くなります。アルカリ性の合成洗剤や、油汚れ落としシートなどの掃除用品も必要になってきます。それでも、月に1度くらいは、しっかり細かい所まで掃除していきましょう。一度きっちりやると、次からが楽になります。洗い物はその日のうちに洗って、片付ける習慣を身に付けるとだいぶ変わります。生ゴミもしっかり封をして、早目にゴミ出しするようにしましょう。

　キッチン回りの掃除でイメージしていただきたいのは、高級レストランの厨房です。高級レストランと言わずとも、食と料理とお客さまを大切にしている意識

の高い飲食店の厨房というものは、シンクも、食器も、調理用具も、床も、いつもきれいに磨かれてピカピカです。食器などのちょっとした汚れも見落とさず、細かいところまで気を配ってきれいにしています。油を大量に使う中華料理店なら床がベトベトであっても仕方がないと思う中、意識の高い店は、床の油汚れもしっかり清掃されてベタつくことはありません。こうしたことは過去に仕事の関係で、様々な飲食店の厨房に入っていたため、わかったことでした。おそらく、そういった店は道具を大事にし、キッチンを神聖な場所のように捉え、常に清潔さを心掛けているのではないかと思っています。当然、食中毒防止のために徹底しているということもあるとは思います。それでも、見えない所で細かな心遣いが行き届いているところは立派だと感じました。自宅のキッチンでそこまでする必要はありませんが、見習うべきところは多かったので、理想像として紹介させていただきました。

　次に水回りできれいにしたい場所としてトイレがあります。トイレは面積が狭いので、割と短時間で掃除

ができます。便器と床と周りの壁ぐらいなので、キッチンよりは楽です。トイレ用の掃除用品も巷に溢れているので、そういった物をうまく活用していくと良いと思います。

　私は、トイレマットや便座カバーなどは使わずに、トイレスリッパのみの設置にしています。トイレマットや便座カバーは汚れや邪氣を吸収しやすく、こまめに洗濯する必要があるからです。床はトイレマットを敷かずに、少し汚れてきたら除菌シート等で拭き掃除していくほうが楽だし早いです。スリッパは、汚れてきたら買い替えています。

　ここで、トイレ掃除に関する開運法の自分の考えを伝えたいと思います。

　トイレ掃除をすると金運が良くなるとか、成功するとか、豊かになるという話をよく耳にします。具体的な有名人の例を挙げて紹介している人は多いと思います。汚いトイレを掃除するほど効果があると言われています。直接手で掃除するとなお良いと言われています。

　ただ、ここで疑問が生じるのは、トイレ掃除の行為

だけを見るなら、トイレの清掃員は皆お金持ちであったり、豊かさを満喫していたりする成功者で溢れていないとおかしいと思うのは自分だけでしょうか？また、世の中の大富豪や、貴族や、上級国民は、家のトイレを自分で掃除しているでしょうか？　そういった人たちが、公共のトイレに入って自ら掃除することなど考えられるでしょうか？　という点です。普通にハウスキーパーや清掃員に任せっぱなしではないかと思っています。その辺を考慮していくと、トイレ掃除をするか、しないかの問題ではないことに氣付いていくと思います。

　ただ、不浄なる場所を掃除して浄化するという行為はそれだけで、その空間に神氣を宿し、徳を積むという行為でもあるため、無駄になるということはないと思っています。

　私は、自らトイレ掃除をして豊かになっている人と出会い、氣付いたことがありました。それは金運アップのためにトイレ掃除をしているわけではなく、周りから良く思われたいとか、奉仕のためとか、自分の利益や罪滅ぼしのためにやっているのでもないというこ

とです。

　ではなぜトイレ掃除をするのかというと、汚いトイレを見ていると落ち着かないから、自分の心を気分良くするためにやっているということでした。これは、ワンネスによる調和、無条件の愛に通じる意識に似ていると思っています。トイレ自体は汚れてしまっても、自分できれいにすることはできません。自浄することができないものは、誰かにやってもらわなければならないのです。そこを感じ取って手を差し伸べるという行為自体、愛の行為そのものだと思っています。トイレから直接感謝を返されることはないにしても、その思いと行いは宇宙に発するものとなり、巡り巡って、自分に豊かさとなって還って来ているのだと感じました。

　トイレ掃除や町内のボランティア清掃なども、慈善活動のアピールのためではなく、住まわせていただいている地球をきれいにする、浄化のお手伝いをする、祓い清めるという意識でやれば、良い氣が流れ、運氣もアップしていくものだと信じています。

トイレ掃除の余談が長くなってしまいましたが、次に進みます。水回りの掃除で残るは風呂場ですが、これはいつも風呂上がりにやっているので数分で終わります。自分は食器用クリーナーのスポンジを使って、浴槽、壁、床、鏡をお湯で洗って、冷水で流し、最後にバスタオルで水滴を全部拭き取って終了です。カビが気になるところは、カビ除去剤を吹きかけ、4〜5分したら水で流し、タオルで水滴を拭き取り終了です。頑固な汚れは歯ブラシを使って落とします。風呂場は湿気が溜まりやすく、カビも生えやすいので、乾燥を心掛けていくと良いでしょう。

　次に玄関掃除に入ります。玄関は掃除というより、靴を出しっぱなしにしないこと、靴を収納箱に片付けるということが第一になります。たたき（土間）には極力、靴を置かないほうがすっきりし、良い氣も入ってきます。置いても、1〜2足ぐらいにしましょう。たたき（土間）の部分は、埃を払った後、しっかり水拭きをすると汚れも付きにくくなります。浄化の意味も込めて雑巾をすすぐ水にお清めの塩を入れて水拭き

すると、尚、良いです。玄関も、おしゃれに花を飾ったり、香水やアロマで香り付けをしたりすると幸運を呼び込むことでしょう。

　メインとなる部屋は、和室（畳）にしても、洋室（フローリング）にしても、床を水拭きして、磨くことが邪氣払い、浄化に繋がります。掃除機や住居用ワイパーによる掃除に加えて、ベタ付きや埃っぽさを感じたら、水拭きで雑巾掛けをすることをお勧めします。水にお清めの塩を入れると尚、良いです。床がカーペットの場合は、しっかり掃除機を掛けていきましょう。掃除機が終わったら、前記の要領で、水拭きをしていくとさらに汚れが取れます。

　最後に、棚や収納箱の整理です。いろんな物を無造作に置いていくと、氣も乱れていきます。部屋の見栄えが良くなるように、素敵に見える配置を考えながら、工夫して整理整頓していきましょう。

　今まで部屋の浄化として、掃除について話してきま

した。そして、最後に、掃除をして部屋を浄化していくために最も重要なことを伝えていきたいと思います。それは、皆さんもよくご存じの『断捨離』です。

　部屋を浄化し、大きく運氣を動かしていくには、断捨離は欠かせません。物で溢れ返ると空間は狭くなり、掃除もできなくなってしまいます。

　断捨離の目的は、物を減らし、部屋をすっきりさせることです。古くて使わなくなった物を廃棄し、古い氣を取り去り、新しい氣を取り入れる空間を創るということです。ただ、何でも捨てればよいというものでもありませんが、思いきって捨てていくということが大事になってきます。捨てるか捨てないかという判断力を養う訓練にもなります。うまく断捨離ができるようになってくると、人生のあらゆる場面での取捨選択にも時間が掛からなくなります。ミニマリストの方は問題ありませんが、物の置き場も無く、物で溢れ返っている場合は、半分捨てるぐらいで丁度よいです。

　自分が断捨離の時に取った方法は、けっこう大事にしていた物を何か一つ思いきって捨ててしまう方法です。例えば、本で例を挙げると、お気に入りのマンガ

を捨てるとか、自分の信条の一つとして大事にしていた本を捨てるなどです。そうすると、それが基準になってくるので、「あの本に比べたらこの本はどうでもいい」と判断しやすくなり、断捨離が一気に進んでいきます。でも、勢いに任せて貴重品まで捨てないように氣を付けてください。

　靴箱に入っている靴、クローゼットに入っている衣類、食器棚に入っている食器、割りばしやプラスチック製のスプーンやフォーク等、冷蔵庫に入っている賞味期限切れの食品や調味料、必要のなくなった書類、使わないチラシ、昔買った家電製品の取扱説明書、使わない文房具、何年も前の年賀状、掘り出すといろいろ出て来ます。一箇所、一箇所の棚を整理していこうとすると不要な物はたくさん出て来ます。一気に全部やろうとすると大変なので、気になる所から一つひとつ始めていきましょう。一箇所やるだけでも、だいぶ空気は変わってきます。

　物を捨て、その空間をきれいにすることによって、新しい物が入ってくる。新しい物が入ってくることによって、新しい運氣も流れてくる。そうすることによっ

て、人生も変わっていく。これが断捨離の極意です。

　使わない物や古くなった物は、どんどん断捨離していきましょう。埃は貧乏神の棲み家となるので、掃除機を掛けたり、水拭きをして取り除いていきましょう。棚に置いてある物は、整理整頓して、並べ方も工夫していきましょう。きれいな収納を心掛けることも部屋の浄化のテクニックです。床に直置きしている物には、収納場所を作ってあげましょう。床面積を広げていく（床に直置きしない）ことも豊かになるための指針になります。磨ける物は、磨いて光沢を出していきましょう。

　このように住居を手入れしていけば、邪氣は取り祓われ、爽やかな清々しい空間が広がっていきます。部屋の浄化を日々心掛けていくことによって、人生が大きく善転していくことは間違いないです。日々の居住空間を大切にして過ごして参りましょう。

第3章

心の浄化

心の浄化法と言えば、仏教を学んでいる方なら『反省』、キリスト教系の方なら『懺悔』という形が馴染み深いものであると思います。基本的には、心に溜まっている罪や穢れを取り除く作業であり、悪しきカルマを解消していくためのものであると思っています。

　神道に於いても、罪や穢れを祓う『大祓詞（おおはらえのことば）』というものがあります。大祓詞を唱えることによって、祓戸四柱（祓戸四神）が、罪や穢れを祓い去ってくれるというものです。祓戸四柱とは水を司る神様である、瀬織津姫、速秋津姫、気吹戸主、速佐須良比咩の三女神、一男神のことを言います。

　この四神の筆頭となる瀬織津姫については、様々な人がチャネリングをしており、様々に学ばせていただいています。それ故、浄化の大切さについてはよく理解しているつもりです。自分が感じる真意としては「穢らわしいから、神の前では浄化しなさい！」ということではなく、「罪や穢れを身に付けていると、どんどん心が曇り、本来の魂の明るさ、神聖さ、幸せな心を遠ざけてしまい、どんどん苦しくなってしまうので、

罪や穢れや、ネガティブな思いは水に流して浄化していきなさい。私たちが、それを手伝います」という意図を感じます。

　罪や穢れやネガティブな思いなどは、この地上で生きていれば、たとえ何もしなかったとしても、誰でも付いてしまうものなので、そういうものだと受け入れて、自分で浄化していくことが大事だと思っています。そうして、様々な経験をしながら、一人ひとりが自分の魂を輝かせていくことが人生の使命だと思っています。

　大祓詞を唱えられる人は、それを唱えて浄化していくのもよいと思います。ただ、大祓詞は難しく、今の時代に合っていないため、この章ではもう少し取りかかりやすい浄化のための瞑想法について紹介していきたいと思います。ひとつは、スピリチュアル界では有名な『バイオレットフレーム』です。そして、もうひとつはほとんど知られていないと思いますが、『シリウスの天使たちからの瞑想法』というものです。

　普通、瞑想と言えば、呼吸を整え、心を無にしていくことを主眼としますが、この2つは目的が違います。

バイオレットフレームは、ネガティブを浄化していくことを目的とし、シリウスの瞑想法は、人間の心と体を瞑想により改善し、5次元アセンションに対応していくための瞑想になります。

このシリウスの瞑想法を理解するにあたり、チャクラというものの知識も必要と感じたため、チャクラについての説明もしていきたいと思います。チャクラについてはこの先、霊的精神性を高めていく上に於いても必要な情報となっていくと思っています。

1. バイオレットフレームによる浄化

バイオレットフレームによる浄化は、宗教や霊的能力に関係なく、誰でも使える浄化法です。

バイオレットフレームとは、神の光であり、紫色の霊的な炎です。これは3次元世界にある熱い炎ではなく、高次元に存在する聖なる炎であり、変容を促し、強い浄化作用があります。この紫色の炎は、焼き尽くすような熱い炎ではなく、優しく、心地よい、どちらかと言えば冷たい炎です。この紫色の炎に包まれるこ

とにより、癒され浄化されていくというものです。

　バイオレットフレームは、ネガティブな心やネガティブな状態を浄化したい時に使います。バイオレットフレームは低いエネルギーを浄化し、高い波動へと導き、次元上昇させる働きもあります。このバイオレットフレームは、自分だけでなく、意図する人、クルマや部屋、家や建物全体、ペットや動物、地域、国、地球全体にまで使えます。

　このバイオレットフレームはアトランティスの全盛期で使われていたもののようですが、アトランティス沈没後に消えて、使用できなくなったと言われています。その後、セント（聖）・ジャーメインが源に対して施しを求め、1987 年に入ってバイオレットフレームは復活し、世界中の人々に使われるようになったそうです。バイオレットフレームは、現在セント・ジャーメインが管理・守護を任されています。

　では、次にセント・ジャーメインについて解説していきます。セント・ジャーメインは近い過去では、サンジェルマン伯爵として、18 世紀のヨーロッパに実

在した謎の貴族として知られています。死後、高次元霊存在として、地球や宇宙の進化に影響を与える働きをしています。

セント・ジャーメインは、「全銀河宇宙評議会」または「中央評議会」などと呼ばれる組織に名を連ねる12のアセンデッド・マスターのうちの1人と言われています。その中にはイエス・キリストやアシュタールなども含まれ、地球のアセンションをサポートし、尊い役割を担っています。アセンデッド・マスターとは、この地上で肉体を持って生きた後、魂の次元上昇を果たした高次元の存在のことです。セント・ジャーメインは、第7光線（紫色）を司る存在と言われており、紫の光＝バイオレットフレームを使って、私たちの浄化を促すことができると言われています。

第7光線とは、「自由と変容の紫色の光」や「儀式と魔術の光線」と呼ばれています。魔術とは、イメージしたもの、考えた事を形として具現化していく力のことです。この第7光線は、水瓶座と共に新しく流れ込み、太陽系全体に溶け込んでいます。

これまでの「魚座（パイシーズ）の時代（イエスが

生まれた時代〜 2012 年 12 月）」の約 2000 年間は主に大天使ミカエルが牽引してきましたが、「水瓶座（アクエリアス）の時代（2012 年 12 月〜 4162 年ぐらい）」は、人類の文明が 5 次元の精神世界へと移行される時代であり、その 5 次元の青写真を保持しているのがセント・ジャーメインだと言われています。

　では、そろそろバイオレットフレームの使い方に入りましょう。まずは、浄化させたいネガティブなものを思い浮かべ、その感情を十分に味わいます。「これが嫌なんだよ。浄化させたい！」という感じです。そうしたら、次に心の中でセント・ジャーメインを呼びます。「セント・ジャーメインよ、私のもとに来てください」と唱えます。
　この時、大天使ザドキエルの臨在を求めるやり方もあります。大天使ザドキエルは許しと浄化の天使で、バイオレットフレームをセント・ジャーメインと共同創造、管理している天使です。補佐として手伝ってもらうこともよいでしょう。その場合は、「大天使ザドキエルの臨在を求めます」と伝えましょう。

次に、心の中で「セント・ジャーメインよ、私を紫の炎で包み、浄化してください」と依頼します。そうしたら、勢いよく燃え上がる紫色の炎があなたを包み込むイメージをします。その中で、紫色の炎を呼吸してください。この紫色の炎は熱くありません。冷たく、心地よい炎です。浄化したい思考や感情が紫色の炎に包まれ、燃え尽き、灰となるところをイメージしましょう。バイオレットフレームで浄化するのに、いちばん重要なことは、イメージをすることです。浄化したいものが灰になったら、それが黄金の光に転換されて、広がっていくところを視覚化していきましょう。ここまでイメージできれば完了です。終わりましたら「セント・ジャーメインよ、ありがとう」、又は「セント・ジャーメイン、大天使ザドキエルよ、ありがとう」とお礼を伝えましょう。再び、ネガティブなものが現れたら、同じ要領で、何度も何度も浄化していきましょう。

　部屋を浄化したい時は、部屋全体をバイオレットフレームで包むようなイメージをすると良いです。ペットや、電磁波を発する家電製品や電子機器なども紫色

の炎で包むイメージで浄化できます。

　セント・ジャーメインのチャネリングでは、次のように言われています。

「あなたが、このバイオレットフレームの使い方に慣れたら、ぜひ、それを地球の浄化のためにも使ってほしいのです。あなたを包み込む紫色の炎を、あなたのいる部屋、地域、国、そして地球というようにどんどん拡大させて包み込んでいってください。そして、必要な浄化が行われることを信頼しながら、あなた自身も紫の炎を呼吸してください。これは、あなたが今すぐできる地球へのパワフルな奉仕となります。こうして浄化が進む中、あなたは目覚めのプロセスをさらに加速させていくことができます。今、地球は深い眠りについていた物質主義の魚座の時代から、精神性・スピリチュアリティが優先される水瓶座の時代へと移行し、目覚めのサイクルを迎えたのです。これからのあなたの生き方次第で、この惑星の黄金期を体験することができるのだとしたら、心躍らないでしょうか？

　私はあなたに心から呼びかけましょう。この心躍る次元上昇の旅へ同行することを。そこには、あなたが

未だかつて降り立ったことのない新たなステージとストーリーが用意されていることでしょう。私は、セント・ジャーメイン。大いなる変容の時代の守護者です」

　以上、セント・ジャーメインのチャネリングメッセージとなります。

　さて、ここからは「最新版のバイオレットフレーム」について紹介したいと思います。バイオレットフレームは現在、改良されたものや、用途によって使い分ける紫の炎があるとのことです。

　ここから先はYouTubeチャンネル『光の地球 - ソナ』さんの動画からの引用となります（https://www.youtube.com/watch?v=RiHvRIcGNzA）。とてもわかりやすく解説されていて、上級者向けではありますが、知識として知っておいても、役に立つ情報だと思っています。それでは、始めたいと思います。

　バイオレットフレームの最新版として『コスミックダイヤモンド・バイオレットフレーム』というものが誕生しました。今までのバイオレットフレームも、セント・ジャーメインと大天使ザドキエルの共同作業に

よって改良されてきました。大天使ザドキエルは許し
と浄化の天使です。特に、人間のカルマに許しを与え
てくれる天使です。1988年に既存のバイオレットフ
レームを強化した『シルバーバイオレットフレーム』
が共同開発されました。そして、その後、さらなる発
展形の『ゴールドアンドシルバーバイオレットフレー
ム』が創られました。

　そして、2012年以降に創られた最新版が『コスミッ
クダイヤモンド・バイオレットフレーム』です。これは、
ゴールドアンドシルバーバイオレットフレームに新し
いパワーを追加したものではなく、全く新しい、アセ
ンションの時代に合わせて創られたものになります。

　このコスミックダイヤモンド・バイオレットフレー
ムは、キリスト意識のエネルギーでできています。私
たちが5次元の波動になっていくのを一層パワフルに
サポートしてくれるものになります。このコスミック
ダイヤモンド・バイオレットフレームの見た目は、今
までのバイオレットフレームにダイヤモンドの輝きが
追加されたイメージになります。

　そして、コスミックダイヤモンド・バイオレットフ

レームの使い方は、今までと同じです。

「私は今、コスミックダイヤモンド・バイオレットフレームに包まれている」と意図して、イメージするだけです。

[**具体的なやり方**]

⑴普段、よく感じてしまうネガティブな感情を1つ思い浮かべます。怒りや罪悪感、人を批判する気持ち、落ち込み、まだ手放せずにいるネガティブな感情など。

⑵そのネガティブな感情が、体のどこに留まっているか？　頭や、胸や、お腹など、そのネガティブな感情が真っ黒な魂として存在しているイメージをします。イメージができなければ、体のここら辺にネガティブな感情があるな？　と意識してください。

⑶「私は今、コスミックダイヤモンド・バイオレットフレームに包まれている」と意図します。このパワフルな浄化の冷たい炎によって、ネガティブな黒い

塊が、燃やされて浄化されていると意図します。

これで終了です。特に何も感じなかったとしても、ちゃんと作用しているので大丈夫です。「コスミックダイヤモンド・バイオレットフレーム」という言葉が出て来ない時は、「ダイヤモンドのバイオレットフレーム」と置き換えても大丈夫です。このコスミックダイヤモンド・バイオレットフレームは、普通のバイオレットフレームに比べて、より速く、より強力に、重い波動を浄化してくれるので、コスミックダイヤモンド・バイオレットフレームのほうを使っていきましょう。

次に『7つのバイオレットフレーム』についての解説です。使い方は、「私は今、〇〇のバイオレットフレームに包まれている」と意図するだけです。「〇〇」は、次頁、①〜⑦のバイオレットフレームの頭に付いている「許し」や「所縁（ゆかり）」の言葉を入れます。

それでは、7つのバイオレットフレームを紹介していきます。

①許しのバイオレットフレーム

　色は青紫をイメージしてください。これは「許せない」という感情を浄化します。人を責める、人から責められるという感情も同じです。

②所縁のバイオレットフレーム
ゆかり

　色は赤紫をイメージしてください。これは、自分のあらゆる過去に起因しているネガティブな感情を浄化するために使います。過去によく感じていたパターンや、過去世に起因する感情や先祖のカルマに対しても使えます。

③勾配のバイオレットフレーム

　色は、青紫と赤紫の光の粒が混ざり合ったような炎をイメージします。これは、自分の中で、2つの選択肢で迷った時に使います。勾配というのは、シーソーで右か左かどちらに傾くか、という意味での勾配です。どちらが本当に自分が望んでいることなのかハッキリさせたい時に使います。これを使うと、偽の選択肢、偽の価値観が浄化されて無くなり、本当のものが残る

というものです。ＡかＢかで迷った時に使うと良いでしょう。

④希望のバイオレットフレーム

色は、普通の紫のバイオレットフレームの外側に金色の光が散りばめられている炎をイメージします。これは、フューチャーセルフ（最高の未来を生きている自分）を活性化してくれます。最高の未来のパラレルと今の自分との繋がりを強めてくれます。本当の希望とは関係のない時間を過ごしていると、それに氣付くようになります。

⑤真実のバイオレットフレーム

色は半透明の白紫で、トーラス型で、自分に向かってくる感じの炎をイメージしてください。これは、自分の中のごまかしや、まやかしに氣付いて、それを手放すために使います。

⑥忘却のバイオレットフレーム

色は、紫色の炎の表面で虹色の煌きが放っている炎

をイメージしてください。これは自分がより身軽に
なって、動きたい方向へサクサク動けるようになるた
めに使います。スマホのクリーナーアプリのようなも
ので、自分の頭の中のゴミファイルをきれいにしてく
れるようなものだと思ってください。但し、大事な事
を忘れてしまうようなものではありません。不要なも
のだけを取り払うイメージです。

⑦雷鳴のバイオレットフレーム

　これは、私は『禁断のバイオレットフレーム』と勝
手に名付けています。これは精神的なダメージを伴う
可能性があるため、何が起きても、それを統合して、
目覚めに向かっていける自信のある人だけにしてくだ
さい。色は暗い青紫で、ろうそくの炎のような形をイ
メージしてください。これは「概ね幸せなんだけど、
あの夢だけがまだ叶わない」という状況で、自分が何
を手放せば先へ進めるのかわからない時に使います。
自分が外すべきものをはっきりさせてくれるバイオ
レットフレームなので、嫌なことが起こります。自分
の闇と対峙するためのバイオレットフレームであり、

しつこい汚れを浮かすバイオレットフレームでもあります。これをやったあとは、その汚れを落とす（浄化させる）作業も必要となります。落とす作業は、通常のバイオレットフレームにより浄化させるか、統合のワークをしてください。

　以上で、『光の地球 - ソナ』さんのバイオレットフレームの解説は終了になります。基本のバイオレットフレームの使い方に加えて、慣れてきたら、このようなやり方をアレンジしていくと、よりバイオレットフレームに精通していけるのではと思います。様々に実践していき、バイオレットフレームによる浄化法を身に付け、人生と地球のために役立てていきましょう。

2. 13 チャクラ

　チャクラとは、人体にある氣の流れや、霊的エネルギーのエネルギーポイントとされるところを言います。サンスクリット語で、円や車輪、回転する渦という意味があります。このチャクラというものは、人体

の臓器としてあるわけではないため、エネルギーの出入口をイメージとして捉えて、感じることが重要になります。チャクラを整え、氣の流れを良くすることにより、体調や感情をコントロールしていくというイメージです。

　通常、人体には7つのチャクラがあり、この第1チャクラから第7チャクラまでを解説しているものが多いです。但し、シリウスの瞑想法では、それ以外のチャクラの記述もあるため、その部分を補うためにも、さらに6つのチャクラを加えた13チャクラで解説したいと思います。

　第1チャクラから第7チャクラ以外の、この6つのチャクラは、5次元チャクラと言われているものです。3次元チャクラであっても、5次元チャクラであっても、目視して確認できるものではないので、イメージを使って理解していきましょう。

　それでは、体の上にあるチャクラから下にあるチャクラへと順番に解説していきたいと思います。

①ステラゲートウェイチャクラ

　頭頂から約45cm上の上空に位置します。色はゴールドオレンジです。チャクラの活性化をサポートしてくれる天使は、大天使メタトロンです。このチャクラが活性化すると、12次元にいるハイヤーセルフとの繋がりが確立されます。宇宙の根源との繋がりを持つことができるチャクラです。

②ソウルスターチャクラ

　頭頂から約27cm上に位置します。ステラゲートウェイチャクラの約18cm下です。色は輝くマジェンダ（濃いピンク）です。チャクラの活性化をサポートしてくれる天使は、大天使マリエルです。神聖女性性の叡智の光を放ったチャクラです。より広い視点でものごとを見ることができるようになり、カルマからも解放され、自分の悪しきサイクルを打ち破ることができると言われています。因果関係を司るチャクラでもあります。

③コーザルチャクラ

　後頭部から 10cm ぐらい離れたところに位置します。色は純白な輝く光です。チャクラの活性化をサポートしてくれる天使は、大天使クリスティエルです。このチャクラが開くと、それが天使界の入口となり、5次元以上の光の存在たちと交信できるようになると言われています。

④クラウンチャクラ（第７チャクラ）

　頭頂部に位置します。色は紫や白です。チャクラの活性化をサポートしてくれる天使は大天使ジョフィエルです。このチャクラが開花すると自分のハイヤーセルフからの光を降ろし、宇宙との繋がりを持つことができます。

⑤サードアイのチャクラ（第６チャクラ）

　第３の目と言われる眉間の位置にあります。色は藍です。チャクラの活性化をサポートしてくれる天使は大天使ラファエルです。このチャクラが開花すると、透視能力や霊視能力が付くと言われています。

⑥喉のチャクラ（第5チャクラ）

喉仏の下のあたりに位置します。色は青です。チャクラの活性化をサポートしてくれる天使は、大天使ミカエルです。このチャクラが活性化すると、コミュニケーション能力、自分を表現する力、自己との対話、真実を語る能力が高まると言われています。さらに開花していくと、地球外の存在たちや、すべての種類の動物たちともテレパシーで繋がれたり、光の言語でコミュニケーションが取れたりするようになると言われています。

⑦ハイハートチャクラ（ハイヤーハート）

ハートチャクラの少し上の胸腺に位置します。色はターコイズブルーです。チャクラの活性化をサポートしてくれる天使は不明のため、ハイヤーセルフにお願いしましょう。このチャクラは、宇宙からの高次元エネルギー存在、ハイヤーセルフ、天使、ガイドとのコミュニケーションを行う場所になります。天と地と自分を繋げ、スピリチュアルなあらゆるすべてに対して、調整や繋がりを持つ平和な役割りのチャクラでもある

ため、自分の中のネガティブなエネルギーを解放して
いくこともできます。ハートチャクラが個人の愛の座
であるのに対し、ハイハートチャクラはすべての人類
に向けての無条件の愛と喜びの座であるため、無条件
の愛より深い、スピリットレベルの愛（宇宙レベルの
愛）に氣付いていくようになっていきます。

⑧ハートチャクラ（第4チャクラ）

　胸の中心に位置します。色は緑です。チャクラの活
性化をサポートしてくれる天使は、大天使チャムエル
です。このチャクラが活性化すると純粋な愛のみを受
信し、森羅万象を愛の目を通して見るようになります。
宇宙のハート、大いなるアイアムプレゼンス（この世
界の現実すべてを産み出している光の根源）と繋がり、
アセンションへの歩みに近づく重要なチャクラでもあ
ります。

⑨太陽神経叢のチャクラ（第3チャクラ）

　みぞおちに位置します。色は黄です。チャクラの活
性化をサポートしてくれる天使は、大天使ウリエルで

す。このチャクラは、周囲に存在するあらゆる恐怖という低いエネルギーを取り込み、それを変容させる働きをします。このチャクラが活性化すると、自分で決断、決定していく力や自信が付き、自分軸で生きることができます。ちなみに、地球は、宇宙全体の中で、この太陽神経叢のチャクラの役割りをしていると言われています。

⑩へそのチャクラ

　へその位置にあります。色はオレンジです。チャクラの活性化をサポートしてくれる天使は、大天使ガブリエルです。へそのチャクラは、アトランティスの黄金時代には5次元チャクラとして存在していましたが、波動の低下に伴い、仙骨のチャクラと合体してしまったチャクラです。しかし、現在、5次元へ向かうと共に、また分かれ始めているようです。このへそのチャクラは、5次元に活性化されるにつれ、どんな文化や宗教でも完全に受け入れて歓迎するようになり、地球のキリスト意識と統合されていきます。すべての人々への温かい歓迎、社交性、受容が高まることに

よって、5次元の社会と黄金時代を実現することが可能になります。こうした意識を活性化してくれる大事なチャクラです。

⑪仙骨のチャクラ（第2チャクラ）

へその数cm下にある丹田と言われる場所に位置します。色はオレンジで、へそのチャクラと同じ色です。チャクラの活性化をサポートしてくれる天使は、大天使ガブリエルです。超越した性の認識と、優しさと、真の愛の表現に関わるチャクラです。性的エネルギーも司り、感情や共感力、人との繋がりを感じる力を強くします。生命力を象徴するチャクラでもあります。

⑫ルートチャクラ（第1チャクラ）

股の付け根（性器と肛門の間、骨盤内）に位置します。色は赤です。チャクラの活性化をサポートしてくれる天使は、大天使ガブリエルです。生命力をもたらすチャクラであり、地球へのグラウンディングもし、現実に根差す力を養い、3次元世界に適応できるようにサポートします。心身の土台となり、地に足を着け、現実社

会をしっかりと生きるための強い心が養われます。

⑬アーススターチャクラ

　足の裏の下から約30cm下（体の外）に位置します。色は茶、または黒と白の陰陽です。チャクラの活性化をサポートしてくれる天使は、大天使サンダルフォンです。このチャクラは、マザーアースとの繋がりを保ち、グラウンディングを助け、地球からのエネルギーを受け取り、無条件の愛を理解し、無条件の愛が湧いてくるようになります。このアーススターチャクラが発達すればするほど、あなたの神聖さも拡大していきます。このチャクラのエネルギーを地球の中心まで届かせ、しっかりと固定し、13のチャクラがすべて活性化されると源への繋がりが開花され、地球の中心にある7次元の地球空洞へと繋がることができるようになると言われています。そうなると、レムリアの地底都市テロスのアセンデッド・マスターであるアダマさんと通信できるかもしれないですね。

　以上で13チャクラの解説は終わりとなります。チャ

クラを活性化させる方法は、呼吸法であったり、パワーストーンを使ったり、意識やイメージで行うなど、様々な方法があると思います。しかし、普通は全くわからない状態だと思いますので、それぞれのチャクラのある場所を意識して、チャクラの活性化をサポートしてくれる天使にお願いする方法でよいと思います。

　例えばルートチャクラを活性化させたい時は、「大天使ガブリエルよ、私のルートチャクラを活性化してください」と心の中で唱えながら、赤いエネルギー体が回転している状態とか、赤い光が強くなっていくのをイメージしていけばよいと思います。通常、チャクラの活性化は第1チャクラから第7チャクラへと下から上に上げていきます。チャクラの活性化を正しく、しっかり身に付けたい人は、専門家の指導を受けて、少しずつ自分のものにしていくことをお勧めします。

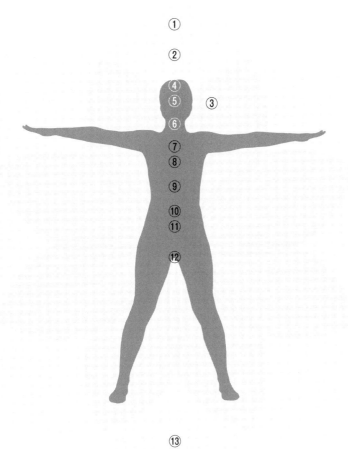

①ステラゲートウェイチャクラ

②ソウルスターチャクラ

③コーザルチャクラ

④クラウンチャクラ（第7チャクラ）

⑤サードアイのチャクラ（第6チャクラ）

⑥喉のチャクラ（第5チャクラ）

⑦ハイハートチャクラ

⑧ハートチャクラ（第4チャクラ）

⑨太陽神経叢のチャクラ（第3チャクラ）

⑩へそのチャクラ

⑪仙骨のチャクラ（第2チャクラ）

⑫ルートチャクラ（第1チャクラ）

⑬アーススターチャクラ

3. シリウスの天使たちからの瞑想法

　こちらは YouTube 動画の『ワンダーウォール！』さんの過去動画（https://www.youtube.com/watch?v=KECLoC7cwxI）の中で紹介されたものですが、内容的に非常に重要で、役に立つと思われるので、まとめたものを紹介します。

　シリウスとは宇宙種族のシリウス星人のことを意味しますが、個体の宇宙人とは考えず、高次元の意識体として捉えてください。このシリウスの天使たちからの瞑想法は自分の体とコミュニケーションを取り、自分の体を愛し、調和していくための瞑想法です。

ステップ1 「自分を愛する」

　鏡を見て、「私はあなたを愛しています」と自分に言い聞かせていきます。

　これは自分の外見を好きになることだけではなく、自分の存在全体も愛するための行為です。良いことも、悪いことも、自分のすべてを愛することを学びましょう。あなたは、あなたの人生の中で、他の誰かと変え

ることはできず、自分自身を変えることしかできません。あなたは自分を愛することを学ぶまで、同じように他の人を愛することはできません。

　もし、あなたが一人で居るのであれば、自分と一緒に居ることが幸せであり、他の人に「このように自分を扱ってほしい」と思うように自分を扱ってください。そして、他の人に対しても、自分が扱われたいと思うように接していきましょう。

　まずは自分を愛し、自分自身と一体となるように努めましょう。

ステップ2 「自分を愛する瞑想法」

　姿勢は、イスに座っていても、仰向けに横たわった状態でも大丈夫です。イメージを浮かべながらの瞑想になります。まずは、リラックスして、大きな深呼吸を3回行います。穏やかにゆっくり呼吸をし、緊張を吐き出してください。

⑴あなたはガイド（ハイヤーセルフや守護霊）と天使　たちに囲まれた、美しい自然の中にいることをイ

メージしてください。そこは暖かく、快適で、あなたに完全な安らぎを与えてくれる安全で保護された空間です。

(2)あなたの目の前に、きらめく滝があります。宇宙から降り注ぐ、白い光のシャワーのような滝です。あなたは、ゆっくりとこの光のシャワーの滝に入ります。あなたは、白い光のシャワーを浴び、白い光が完全にあなたの全身を覆っていくのをイメージします。白い光のシャワーは、あなたを洗浄し、浄化していきます。痛みを癒していきます。あなたが完全に浄化されたと感じるまで、心地よい光のシャワーを浴びてください。十分に浄化されたと感じたら、その光の滝から出ます。

(3)滝から出て、太陽の光の中に立っていると、あなたの天使が、大きな温かいバスタオルを差し出してくれます。あなたは「ありがとう」と伝えて、そのバスタオルを受け取り、自分を優しく包み込みます。この時、このバスタオルの色を思い浮かべてくださ

い。その色の持つ性質があなたを癒してくれます。この美しいバスタオルに包まれた状態で、ゆっくりと地面に横たわります。穏やかな草原に寝そべるイメージをしてもよいでしょう。美しいバスタオルを感じて横になってください。

(4)この状態で、自分の体の部分、部分をスキャンして癒していきます。まず、足から始めていきましょう。あなたの足を感じながら、足に「調子はどう？」と尋ねてみてください。慎重に聞いて、足からのメッセージを感じ取りましょう。足は疲れているかもしれません。休息したいと思っているかもしれません。幸せで踊りたいと思っているかもしれません。あなたは、『足』のアドバイスに基づいて行動することも、あなたの足に伝えてください。彼ら（足）の努力に感謝し、あなたが彼らを愛していることを伝えてください。「いつもありがとう。愛しているよ」と言ってあげましょう。このような手順で、体の各部所を癒していきます。あなたの腰を感じて、同じように癒していきます。あなたの腹部を感じて、同じよう

に癒していきます。背中と背骨を感じて、腕を感じて、手を感じて、首と肩を感じて、頭を感じて、口と喉を感じて、目や耳や鼻を感じて、同じように癒していきます。心臓や肝臓のような内臓や、各器官も同じように呼びかけて、愛と感謝を伝え、癒していきましょう。

⑸すべて終わったら、完全に覚醒した意識に戻る準備ができるまで、そのままリラックスした状態で過ごします。そのリラックスした状態で、あなたのガイドや天使から、愛、祝福、癒しのエネルギーを流してもらいましょう。この時、「私の守護天使たちよ、愛と祝福のエネルギーを私に流してください」と伝えます。こちらから、許可やお願いをしないと、天使たちは支援することができないので、ハッキリ伝えることが大切です。

ここまで終わったら、ゆっくり目を開けてください。そして背伸びをして、腕や足を軽く叩き、グラウンディングをして、体を馴染ませていきましょう。以上で、「自

分を愛する瞑想法」は終了です。

ステップ3「自分の細胞と対話する瞑想法」

　静かな場所で、仰向けに横たわり、リラックスします。3回大きく深呼吸をします。ゆっくり鼻から息を吸い、緊張をすべて吐き出すように、口から息を吐きます。すべての筋肉の緊張をほぐし、リラックスしてください。

⑴また、足から始めていきます。まず、足先に意識を集中させ、足先のそれぞれの細胞に「リフレッシュし、復活し、再生してください」とお願いします。そして、足先を生かすためのすべての働きを祝福します。足先の皮ふ、血管、筋肉、細胞、骨など細部にわたって、それぞれの細胞を活性化させていくイメージです。

⑵次に、足首、膝下、膝、膝上、臀部と、同じように行います。リフレッシュし、復活し、再生するように、すべての細胞に呼びかけてください。

⑶腹部に到達したら、腹部のすべての臓器に意識を向けて、同じように行います。リフレッシュし、復活し、再生するようにすべての細胞に呼びかけてください。腹部が終わったら、腹部から首まで同じように行います。同じように、仙骨のあたりから背骨を通して、首の後ろまで行います。

⑷それが終わったら、肩、上腕、肘、前腕、手首、手、指をリフレッシュさせ、復活させ、再生させます。

⑸最後に、頭、耳、目、鼻、口、脳のすべての細胞に話しかけて、同じようにリフレッシュさせ、復活させ、再生させます。髪、肌、爪も忘れないようにしてください。

　すべてが終わりましたら、瞑想は終了です。瞑想が終わりましたら、全身を休ませ、地球に意識を繋げるようにグラウンディングし、大地に根を下ろしていきましょう。以上で、「自分の細胞と対話する瞑想法」

は終了になります。

ステップ4 「第5次元チャクラ瞑想」

　この瞑想は、特に姿勢の指定はないのですが、イス
に座ってやるほうが良いかもしれません。

　先ほどのように、大きく3回深呼吸をして、全身の
筋肉をリラックスさせてから始めます。

⑴まず初めに、足の下にあるアーススターチャクラに
　意識を向けます。このアーススターチャクラに意識
　を向けたら、このチャクラをじっくりと感じてくだ
　さい。このチャクラの周りの空間をイメージし、こ
　のチャクラの内と外の愛に繋がります。地球からの
　無条件の愛と繋がり、アーススターチャクラとその
　周りの空間を祝福します。

⑵アーススターチャクラが終わったら、次にルート
　チャクラに入ります。このルートチャクラでも、アー
　ススターチャクラで行ったことをやってください。
　ルートチャクラをじっくりと感じ、このチャクラの

周りの空間をイメージし、このチャクラの内と外の
愛に繋がり、ルートチャクラとその周りの空間を祝
福します。次に仙骨のチャクラに入り、同じように
します。仙骨が終わりましたら、太陽神経叢のチャ
クラに入り、同じようにします。同じ要領で、ハー
トチャクラ、ハイハートチャクラ、喉のチャクラ、
サードアイチャクラ、クラウンチャクラ、ソウルス
ターチャクラ、ステラゲートウェイチャクラについ
ても祝福していきます。

(3)すべてのチャクラの祝福が終わりましたら、宇宙か
らの光が白いチューブを形成して降りてくるのをイ
メージしてください。この白い光のチューブが頭頂
から足先までをすっぽりと包み込んで、足先から地
面を通って、地球の中心まで光の白いチューブが届
くことをイメージしてください。宇宙と自分と地球
の中心まで光の白いチューブで繋がっていくことを
意識して、地球にグラウンディング（繋がること）
しましょう。これで、「第5次元チャクラ瞑想」は
終了になります。

ここから先は、シリウスの天使からのチャネリングメッセージになります。

「それぞれのチャクラの波動と色は、時間の経過と共に変化することがあるので、自分のチャクラとコミュニケーションを取ることをお勧めします。自分のチャクラの色を見る能力を持っていない人は、自分の内側に入り、自分のチャクラがどのように見えるかをイメージすると良い練習になります。これらの瞑想は、非常に治療的であり、定期的に実践することであなたを癒し、将来あなたの体に痛みや病気が形成されることを防ぐことができます。あなた自身の体はとてもパワフルであり、体内に取り込まれたものは何でも中和することができることを知っておいてください。自分の体の細胞とコミュニケーションを取る術を学び、自分自身と会話を続けることで、自分に投げ掛けられるどんなネガティブなものにも耐えることができるようになります。自分の体を愛し、自分の体とコミュニケーションを取り、良い関係を築くことを学べば、それは想像できないほどの健康と長生きに繋がることでしょ

う。アセンションしていく過程で、あなたの体は最大の友人であることを知ってください。5次元に入る過程で、これらの瞑想を毎日行うことで、あなたの体は反応し、自己治癒力を発揮することができるでしょう。私たちは、あなたがこれらの瞑想を楽しむことを望んでいます。ご自身の状況に合わせて、自由に変更して満喫してください。

　私たちは、あなたに多くの祝福とたくさんの愛を送ります。私たちは、シリウスです」

　ということで、シリウスの天使たちからの瞑想法の紹介を終わりたいと思います。体に良からぬ成分を取り込んでしまった場合でも、この瞑想法で中和することができればと思い紹介させていただきました。シリウスの瞑想法はこれ以外にもまだまだたくさん紹介されていますので、興味のある方は、他の瞑想法も調べて実践してみるのも良いと思います。

第4章

言霊と
アファメーション

『言霊とアファメーション』は、この本の中で最も伝えたい中核となる章になります。私は人生をほぼこれだけで改善してきたので、いちばん力が入ります。人生をどうにかして好転させたい人には、この章だけでも実践してみることをお勧めします。

　言葉を声に出すことができれば誰でもできます。万が一、声に出せないという人は、ノートや紙に書いたり、心の中で唱えてみてください。また、YouTube動画では、言霊やアファメーションを聴くための動画が多数配信されています。必要に応じて、そういったコンテンツを利用するのもよいと思います。

『言霊』と『アファメーション』は同じように思われますが、大きな違いがあります。『言霊』は、その言葉自体に魂が宿っており、声に出すことによって音霊となり、その現実が引き寄せられ、形成されていくというものです。言霊は、心が伴わなくても、意味がわからなくても、その音を発することによって、その現実を引き寄せるという利点があります。

　一方、『アファメーション』は、引き寄せたい現実

を現在形か、完了形で文章にし、そうなりきったイメージをして唱えていくというやり方が一般的です。

　では、この２つを分けて詳しく解説していきたいと思います。

1. 言霊

　それでは、『言霊』について解説していきたいと思います。言霊はその内容は考えなくていいですが、とにかく数多く唱え続けなければ効果が出ないという、数と根気が勝負の世界です。『ありがとう』や『ついてる』ならば、1000回唱えても10分ぐらいで唱えられます。それを100日（計10万回）間、唱え続ければ効果が現れ始めると言われています。

　但し、人によって効果が実感できる回数は異なりますので、何十回だろうが、何万回だろうが、効果を実感できるまで唱え続けるということがポイントになります。自分でも、２～３年は十分に掛かったので、根気強く続けることをお勧めします。

　そして、大事なことは、効果が出始めて「やった！」

と満足してそこで止めないことです。恐らく、その時点ではマイナスからゼロ地点に戻ったぐらいだと思います。そこからさらに継続していくと、どんどんプラスに加算されていきます。するとどうなるかと言うと、思わぬ良い事が起こったり、明らかに今までとは違うスムーズな良い流れが流れ始めたと感じたりするようになります。いつもなら、どつぼに嵌まるようなことが、うまく回避できたり、ちょっとしたうれしい出来事が起こったりします。何も考えずに、日々口癖のように唱え続けるだけで、人生が好転し、運氣が上がっていくのがこの言霊と言われるものです。

　但し、これは善き言霊を唱え続けることが前提であり、反対にネガティブな言葉を発し続ければ、どんどん不幸が舞い込んできます。

　では次に、どんな言霊がお勧めなのかを紹介していきたいと思います。紹介したい言霊はたくさんあるのですが、その中でも、最も重要と思われるのが、斎藤一人さんが天国言葉として紹介している言霊です。

　天国言葉とは、「愛してます」「ついてる」「うれしい」「楽しい」「感謝してます」「しあわせ」「ありがとう」「ゆ

るします」という８語の言霊です。

　この中の１語に絞って集中的に唱え続けるのも効果がありますが、８語を唱えて１セットとすることをお勧めします。その理由は、８語と長く、回数を唱えるには不向きなのですが、非常にバランスが取れており、全体的に万遍無く網羅されているからです。

　最初の『愛してます』は、愛が宇宙の根本エネルギー（源の神のエネルギー）であるということ——、宗教を学んでいる人や、スピリチュアル系の人なら常識レベルのことだと思います。しかし、そうとわかっていても、普通はなかなか言えない言葉です。「男たるものは……」という人なんかは一生に一度か二度ぐらいしか使うことはないのではないでしょうか。日本人では、なかなか言いづらい『愛してます』も無心で唱える言霊としてなら、普通に唱えることができます。

『ついてる』も、人生ついてる人、運がいい人のほうが圧倒的に強いし、すべて有利に働いてきます。人生を好転させるためには、とても大切な言霊です。

　『うれしい』『楽しい』『感謝してます』も外すことは

できません。神人さん著の『大日月地神示』という書物（日月神示で岡本天明氏を指導していた国常立尊等の指導霊団の教えをチャネリングして伝えている書物）の中でも、「うれし、うれし、たのし、たのし、かわる、かわる、ありがたい、ありがたい」という文章が何度も何度も出て来ています。そうした心を大切にし、日々生きていきなさいという教えです。また、大日月地神示の中では、「目に見えるものひとつひとつに感謝していけば、必ず道は開けます。すべての人に感謝してみなさい。愛されますよ」と感謝の大切さを説いています。また、感謝のエネルギーは、愛のエネルギーと同様に、大宇宙に流れる神（源・ソース）のエネルギーであります。

『しあわせ』は、人が人生を歩む上で、最大の目的であると言えます。人それぞれ、様々な使命はありますが、幸せになるために生まれてきて、生きているという根本は外すことができません。「幸せです」「幸せだなあ」と唱え続けるだけでも幸せを引き寄せることができます。幸せを感じることができない人、幸せがわ

からない人、不幸のどん底を味わっている人は、『し
あわせ』という言霊を多用していくと、幸せな心と幸
せな現実を引き寄せ、変わっていけます。

『ありがとう』に関しては、並木良和さんが瀬織津姫
をチャネリングした内容を紹介していた動画（https://
www.youtube.com/watch?v=UCLfCrsAGhE）があっ
たため、それをまとめた内容を紹介したいと思います。
以下、瀬織津姫の言葉になります。
「この日本には、とても美しい言葉があります。それ
は『ありがとう』という言葉です。この『ありがとう』
という5文字には、大きなエネルギーが込められてい
ます。太陽のエネルギーが込められているのです。つ
まり、アマテラスのエネルギーが込められているので
す。太陽はこの地球に、すべての国に、すべての存在
に、あまねく光を届ける存在です。この『ありがとう』
という言葉を唱えるだけで、あなた方の中に太陽のエ
ネルギーが浸透してきます。太陽のエネルギーがあな
た方の中に浸透した時に、あなた方の中にある、この
日本人として生まれてきた役割りというものが思い出

されることになるでしょう。『ありがとう』を唱える
だけで、あなたは自分の本質を思い出すことができる
のです。自分自身に『ありがとう』を言う。あなたと
関わっている人に『ありがとう』を言う。もし、あな
たに嫌な思いをさせる人がいたとしてもその人に『あ
りがとう』を言う。なぜなら、その人はあなたの中で
何を変えるべきかを教えてくれる人だからです。あな
たの中で、ある言葉に反応した時、その反応こそ、あ
なたが変えていく時ですよ、とその人が教えてくれた
のです。だから、『ありがとう』なのです。つまり、『あ
りがとう』と言えないことは、この世には何ひとつな
いのだということがわかります。

『ありがとう』を唱える時、あなた方の内に太陽エネ
ルギーが蘇り、あなた方の本質へと繋がっていくこと
となります。太陽は、この太陽系に存在するすべての
ものに本質を思い出させるシンボルとして存在してい
るのです。あなた方が光の存在であることを常に思い
出せるように、この太陽系に天体として配置されたの
です。だから、古代の人々は、この太陽を神として崇
めてきました。つまり、あなた方は、自分の神聖さを

崇めてきたのです。古代の人たちは、この太陽が自分
の神聖さの象徴であることを知っていました。あなた
方も『ありがとう』を言うことによって、自分の中に
ある神聖さを目覚めさせていってください」（瀬織津
姫）

『ありがとう』という言霊の中に太陽のエネルギーが
込められているということを教えていただいた瀬織津
姫及びそれを伝えていただいた並木良和さんには感謝
しかありません。古代の人々が太陽を外にいる神とし
て崇拝していたのではなく、自分の心の中にある神聖
さとして崇めていたということを知ったことも大きな
氣付きでありました。日本人として、この『ありがと
う』という言葉を常に心に灯しながら大事にしていき
たいと思っています。

　では、最後に『ゆるします』（許します / 赦します）
について、解説していきたいと思います。最初、この『ゆ
るします』という言霊は、広い心を養うためのものか
と思っていましたが、『許す』という行為の意味を知

るとこれはこれで偉大な効果のある言霊であることが判明しました。

　まずその前に、『天国言葉』と似たようなものに『ホ・オポノポノ』というものがあるのをご存じでしょうか？

　ホ・オポノポノは、ハワイに伝わる心を浄化する方法、潜在意識のクリーニング法として伝えられています。使用方法はとても簡単で、「ありがとう、ごめんなさい、許してください、愛しています」とただひたすら唱えるだけです。感情が伴わなくても、信じなくても効果があると言われています。この点は言霊と全く同じです。

　ここで気になる点は、天国言葉が『ゆるします』という言葉を使っているのに対し、ホ・オポノポノでは『許してください』という言葉を使っているところです。

　『許してください』は、相手や神様に対して罪を許してくださいとお願いして、許しを乞う、懺悔や反省に近い意味合いのものであると感じています。心の中にある神様、インナーチャイルド、ハイヤーセルフとの

和解による許しなのかもしれません。実際、唱えてみるとわかりますが、心を浄化する効果はしっかりと感じられます。

　一方、天国言葉では『ゆるします』という言葉を使っています。一見『許してください』と比べると上から目線じゃないかと思われるかもしれませんが、『ゆるします』のほうは、カルマの解消に効果がある言霊であるということがわかってきます。

　その根拠について、セント・ジャーメインのチャネリングメッセージに『許す行為の大切さ』を語っている部分がありますので、そちらを引用して、解説していきたいと思います。

　以下、セント・ジャーメインのメッセージになります。

「与える行為と許す行為は、まさに神の行為である。もし、あなたが神の子である他者に対して、批判や非難、憎悪の念を感じ、そうした念を送っているならば、自分が許しの法則を発動させるまで、決して成功も啓示も得られることはなく、天に於いても、地に於いても、何の希望も見出すことはできない。状況と正

面から向き合い、『許しの法則』を用いて、自分の非難や憎悪の意識を手放さない限り、自滅は避けられない。例えば、他人を傷付ける意図など全くない人物がいたとして、その人を責め、その人に対して非難や批判、憎悪の念を送っている人がいたとする。これらの思考と感情が相手に触れ、傷付けるに至らなかったとしても、それは戻ってくる道のりで、同じ性質を持った多くの負のエネルギーを取り込みながら返ってくるのだ」(セント・ジャーメイン)

　宇宙の法則には、『自分が発したものが自分に返ってくる』というものがあります。これは因果応報や、蒔いた種は刈り取らねばならない、と言われるものです。この法則は地球の人類だけではなく、あらゆる宇宙種族や神々と呼ばれる高次元霊にも適用され、逃れることはできません。だから、高次の存在ほどネガティブなことを手放し、愛や感謝や豊かさといったものを発し、循環させているのです。
　まず最初に、『許せない！』と思われるような事が起きた場合は、何らかの原因が自分たちにあったので

はないかと考えることが大事になります。直接的な原因が思い浮かばない場合は、自分がそのような思いを知らず知らずに発していたか、過去世でそのような事をしてきて、そのカルマの刈り取りが巡り巡って今頃やって来たのかなど、いろいろ考えられます。

　そうしたことを考えずに、やり返すとどうなるのか？　相手が強ければ返り討ちに合うし、相手に勝てば、その時は一件落着になるかもしれません。しかし、やり返したものは宇宙に放ったことにもなるので、またそれが巡りに巡って自分に返ってくることになります。それがすぐ返ってくるか、数年先になるのか、来世に持ち越されるのかわかりませんが、必ず返ってきます。その当事者から返ってこなくても、他の人から他のことでパワーを増して返ってきます。そうした法則が働いていることに氣が付いて自分で修正しない限り、永遠にこのループから抜け出せないということなのです。このカルマを断ち切り、この無限ループから抜け出すには『許す』という神の行為が必要なのだとセント・ジャーメインは言っているのです。

　相手を許すことは、自分を許すことにも繋がってい

きます。また、自分を許すことは、相手を許すことにも繋がっていきます。現実的に許せない事件や事案も多い世の中であります。犯罪などは法的措置は必要です。しかし、許せないという思いは不幸を呼び込むだけなので、手放していきましょう。そして、意外に難しいこの『許す』という行為を『ゆるします』という言葉で解消していけるのならば、どんどん唱えていくべきだと思います。

『ホ・オポノポノ』及び『天国言葉』はどちらも心の浄化作用と運氣アップに効果のある強力な言霊ですので、どんどん唱えて、人生に幸運を呼び込んでいきましょう。

2. アファメーション

アファメーションと言えば『なりたい自分になる』、『望む現実を引き寄せる』の代名詞のようなものです。自分の引き寄せたい現実を文章にして、声に出して唱えて引き寄せるというものです。

アファメーションは他人や社会を変えようとするの

ではなく、自分が変わることによって、自分を取りまく世界が変わっていくという自分軸の観点に立っています。自分が自分の世界を創造していくという考え方です。ここは、思いきって、自分の殻を破って、様々な思い込みや観念を断ち切って、自分を解放していきましょう。

　では、アファメーションを始めるにあたって、いくつかの注意点がありますので、まずはそれらを解説していきたいと思います。

(1)「必ず肯定形で書く」

　なぜか、宇宙も心も否定形を理解してくれません。例えば、「私はもう苦労しません」というアファメーションでは、「私は苦労します」「私は苦労の中にいます」という現実を引き寄せてしまいます。「貧乏になりたくない」とアファメーションすると、『貧乏』を引き寄せてしまうので注意しましょう。

(2)「願望形で書いてはいけない」

　これはどういうことかと言うと、「私はお金持ちに

なりたい」とアファメーションをすると、「現状はお金持ちではない」「お金がわずかな状態が続いている」という現実を引き寄せてしまいます。だから「お金持ちになりたい」という状態がずっと続いてしまうと思ってください。アファメーションにするとしたら、「私は裕福だ」「私はお金を引き寄せる磁石だ」「私にはいつでもお金がたくさんある」とアファメーションしていきましょう。もし、みんなで世界の平和を願うなら、「平和な地球に住まわせてくれてありがとう」とアファメーションすると、幸せな世界を広げていくのに役立つと思います。

(3)「現在形か完了形で書く」

自分の願望が達成している状態を引き寄せることが大事であるので、現在そういった状態にある現在形か、既に達成している状態である完了形で書くことが大事になってきます。

オバマ元大統領は「Yes, we can！」(そうだ、私たちはできる！) とよく演説で言っていました。これに対してかはわかりませんが、アセンデッド・マスター

である宇宙種族のアシュタールは、「できた！」というアファメーションを勧めていました。これは言葉の意味を考えると、「できる！」のほうは「できる、できるぞ！」という意気込みの状態を引き寄せ、「できた！」のほうは、「できた」という完成した状態を引き寄せることになるので、完了形が相応しいかなと納得しました。

(4)「感情移入し、達成している状態になりきって唱える」

　アファメーションは達成している時の気分を感じながら唱えていくと現実化が早くなるという性質を持っています。言霊は心が伴わなくても大丈夫なのですが、アファメーションは、しっかりイメージして、感じることが重要です。波長同通の法則（同じ波長のものどうしが引き寄せ合う）を使って、引き寄せていきましょう。

（5）「インスピレーションやサインを受け取ったら即行動に移す」

　アファメーションは、ただ唱えるだけだったり、引きこもり寝ているだけでは、その現実はなかなかやって来ません。大事なことは、インスピレーションやサインを受け取ったら、すかさずそれを行動に移していくことが、達成するための重要な鍵となります。

　これは、嫌な事や大切な事を無理して行動に移して、目標に近づいていくということではありません。「何かやってみたいな」「これをやったら楽しそうだな」「○○さんに連絡したいな」とか、自分からちょっとやってみようという感覚でサインはやって来ます。全くできないような事はサインとして来ませんので心配無用です。それを行動に移していくことによって、現実が近づいて来ます。ハイヤーセルフ（高次元の自分の霊）が自分で進むことのできる最善最短の道を示してくれていると思って、行動してみてください。あとは、『わらしべ長者』のように、どんどん近づいていることを信じていきましょう。

　以上、アファメーションの注意点として５つを挙げさせていただきましたが、追加で、『エイブラハムの引き寄せの法則』を簡単に紹介したいと思います。このエイブラハムとは、高次元に存在する宇宙意識の概念とされています。

　まず、『感情』が感覚を感じる部分であり、これが現実化していく材料になっているということです。この感情が感覚を感じる部分を『周波数』や『波動』と表現しています。うれしい、楽しい、不安、心配、悲しい、恐怖、苦しい、怒り、といった感情の感覚が現実を創る材料になっているということです。自分が発している感情の感覚（周波数、波動）に合ったものが返ってくる、即ち現実化していくということです。

　ですから、アファメーションをする時も、その内容に合った感情を乗せて唱えていくことが有効であります。

　また、エイブラハムの法則では、作用する時間を明確化しています。

1)17秒間、何かに焦点を定めていれば、それと一致する波動が動き出す。

2）68秒間、焦点を定めていれば、波動は十分な力を
　持ち、現実化が始まっていく。

　このように、エイブラハムの引き寄せの法則とは、
68秒間で、思考が現実化していくというものです。
この68秒間は、リラックスして良い気分でいること
が求められます。現実が創られていくには、『感情の
周波数』の強さや頻度が高いものから現実化していき
ます。望む未来と同じ感覚を体感することが、現実化
していく上で重要になってきます。
　人生とは、ただ自然に身を任せて流れていくもので
はなく、意識して選択し、積極的に自分の人生を創り
上げて、人生を楽しんでいくことが大事に思います。
このエイブラハムの引き寄せの法則も、アファメー
ションに取り入れて、より効果のあるものにしていき
ましょう。

3. 具体的なアファメーションの紹介

　ここから先は、具体的なアファメーションの紹介を

していきたいと思います。有名なものから宇宙種族の
ものまで、役に立ちそうなものを紹介していきますの
で、参考にしていただけたら幸いです。

①「私は、あらゆる面で、どんどん良くなっている」

これは万能で、すべての面で改善して良くなってい
くので、日々、口癖のように唱えていくことをお勧め
します。心に浸透していけば、人生は向上していくし
かありません。

②「神様の奇跡が起こる」

こちらは、困った時の神頼みで、奇跡を起こしたい
人にお勧めです。言霊的にも効果があるようです。ロ
ト６で１億円当たったり、有名人に会えたり、難病
が治ったり、億ションに住めるようになったり、急に
モテ始めたり、いいご縁に恵まれたり、様々な幸せに
なる奇跡を起こしているようです。唱えて、「疑いなく、
信じて、委ねる」ということがポイントのようです。

③「アメノミナカヌシ様、お助けいただきましてありがとうございます」

こちらは言霊の項目で紹介したかったのですが、文章になっているため、アファメーションで紹介することにしました。アメノミナカヌシとは、天之御中主神のことで、古事記に登場する造化三神（天之御中主神、高御産巣日神、神産巣日神）の中で最初に現われる神、すなわち、宇宙の中心の神様のようなものです。日本の最高神と言ってもよい神様です。そのような神様にお願いする言霊なので、『最強の言霊』とも言われています。こちらは奇跡を起こしたい時、本当に困った時、危機一髪の時、大病の時など、最後の神頼みに使うと良いとされています。しかし、今は2万6千年に一度のアセンション期（第5章にて解説）、誰もが高次元の存在たちからサポートを受けられる時期であるので、毎日唱えることをお勧めします。毎日唱えて、アメノミナカヌシ様と共に過ごし、自己実現や次元上昇を目指すのが得策に思います。

④「感謝をしよう。ありがとう。私はいつも何とかなる。私は最高のタイミングですべてのことがやって来る。私はすべての出来事をチャンスに変えることができる。私は運がいい。なぜかわからないけど、お金が入ってくる。なぜかわからないけど、宝くじはよく当たる。私は、遊んでいても、お金持ちになれる運命なんだ。今月もまた、通帳に500万円振り込みがあった。誰が振り込んでくれたんだろう。ありがとう」

　こちらは、『199式アファメーション』というもので潜在意識を扱うチャンネルでは、とても有名なものです。2ちゃんねるで広まったものです。
　まず大事な点は「感謝をしよう。ありがとう」という一文をアファメーションに付けていることです。この感謝の念を取り入れることによって、宇宙エネルギーにアクセスされ、現実化が早くなっていきます。
　そして、199式さんによると、『なぜかわからないけど』を付けることにより、潜在意識やエゴの自分からの反撃を抑えられると言っています。「お金なんか

そう簡単に入ってくるわけないだろ」とか、「宝くじの高額当選なんか確率的に無理だろ」という心の声を、「いや、なぜかわからないけど入ってくるんだよ」と抑えていくそうです。「どうやって？」という声に、「なぜかわからないけど」で言いくるめていくそうです。そうすることによって、潜在意識を変えていくことができるとのことでした。

　そして、もうひとつ大事なことは、インスピレーションで『何かしたい』と思った時は、すぐに行動に移していったそうです。唱えるだけで何もしなければ、そういう現実に近づいていかないとも言っていました。自分ができる事、自分がしたい事をやっていくうちに道が開かれていくとのことでした。今は、仕事をせずに、月々300万ぐらいの収入があるそうです。50万ぐらいなら割と短期間（3か月〜6か月ぐらい）で到達できるレベルらしいので、やってみる価値はあると思います。

⑤「物事は自分が思っている以上にうまく運んでいる」
「自分が日頃思っている以上に自分はうまくやっている」

　これは宇宙種族の９次元アクトゥリアン評議会（アークトゥルス星人の肉体を持たない９次元霊の長老たち）のメッセージで紹介されました。このアファメーションは「自分はダメだ」と落ち込んでいる時に唱えるととても有効です。仕事で失敗した時や、ミスを指摘されて落ち込んでいる時、人生が嫌になった時、疲れて何もやる気が出ない時などに唱えると、だんだん癒されていき、自己肯定感が強くなっていきます。

⑥「生きていることに感謝します。友人や家族、家やシェルター、着用している衣服、健康、そして呼吸できることに感謝します。私は今、私の人生にあるすべてのものに感謝しています」

　こちらは、オーロラ・レイさんがチャネリングしている銀河連合（プレアデス、シリウス、アンドロメダ

等の宇宙種族の連合グループ）のメッセージで紹介されたアファメーションです。以下のように解説しています。

「このアファメーションを覚えている限り、一日中、何度でも繰り返してください。一語一句を感じ、心の底から本気で言ってください。この言葉を一日中繰り返すことによって、あなたの人生がより良い方向に変化していることがわかり始めるでしょう。あなたはチャンスが、今までよりも早く、あなたのほうにやって来るのを見るでしょう。宇宙は、あなたの前向きな姿勢に応えて、前向きなものを送り始めるでしょう。あなたは感謝をし続けることによって、あなたの人生に前向きな状況を引き付けます。そうすれば、その後、あなたの存在全体が変化し、新しい現実の出現を目撃することになります。それは、誰もが繁栄し、自分の望む人生を送り、それを支える条件を創り出すという現実です」

　以上ですが、自分もそのような現実を創り出すことができれば、人生本望だと思います。

⑦「私は光、私は愛、私は真実、アイアム」

　こちらは光連合（ブロッサム・グッドチャイルドさんがチャネリングしている、宇宙種族の連合たちを監督していると言われるグループ）が提唱しているマントラで、言霊に近いものがあります。

　これを繰り返し唱えて、心を愛と光で満たし、心の指針とするように指導しています。このマントラは自分が本当は何者であるかを認識しつつ祈る魂の祈りだそうです。このマントラの中には、暗号コードが組み込まれており、その中に、一人ひとりに対するギフトが織り込まれているとのことです。

　このアファメーションは、本当の高次元の自分、真我、ハイヤーセルフに繋がるためのマントラではないかと推測しています。自分軸をブレさせないためにも、毎日唱えたいマントラです。

⑧「私は豊かになり続ける。私は永遠に収入が増え続けるスイッチを押した。限りない豊かさが私に降り注いでくる」

　人生の目的は幸せになることにあります。そのためには、豊かになることが大事な要素であると思っています。神の本質は、豊かさでもあります。貧しさや欠乏は、その反対に位置するものです。清貧が美徳であり、それが正義であり、間違いのない生き方だと信じている人も多いかもしれません。清く、慎しく生きることは大事なことですが、何も貧しくなる必要はありません。貧しいことが当たり前で、良いことだと思い込んでいる観念を解除していきましょう。

　本質の神、根源の神は豊かさと創造性に溢れています。その源へと還っていく旅路を歩んでいる我々は、豊かさを体現していくことも大事であると考えましょう。創造主の本質を宿している我々に、豊かさを体現できないことはありません。自分が豊かになってこそ、他にも分け与えることができるのです。思いきり、豊かになっていきましょう。

⑨その他のアファメーション文例

　○「大丈夫、何とかなる、すべてうまくいっている」

　○「私は健康で、行動力のある肉体を保持している」

　○「私は日に日に若返り、美しくなっていく」

　○「私は、自由で、豊かで、魅力的です」

　○「私は、多くの善き仲間たちに恵まれています」

　○「私は丁寧に接することによって、皆から愛されます」

　○「私は、天と地とハイヤーセルフと繋がり、最高の人生を歩んでいます」

　○「私はワンネスを悟り、すべてのものと調和しています」

　○「私は５次元にアセンションした新しい地球で自由に、豊かに、幸せな日々を過ごしています」

　こんな感じで、自分が引き寄せたい願望や現実を文章にして、アファメーションにしましょう。他人の目を気にせず、自分が願う理想を書いていくことから始めましょう。

第5章

5次元
アセンション

この章では、5次元アセンションに関する内容をまとめていきたいと思います。

　5次元アセンションという言葉を初めて耳にする人も多いかもしれません。いきなりＳＦ的な言葉が出て来て、現実離れしている、スピリチュアル界での妄想と思われるかもしれません。しかし、それほど荒唐無稽な話でもないことを説明していきたいと思います。但し、確証があるものではないので、ひとつの情報として読み流していただければと思います。

　スピリチュアル界では、現在地球は3次元から5次元へアセンションを始めていると言われています。なぜ、3次元から4次元ではなく、5次元なのか？4次元の幽界、霊界には地球を破壊や破滅へと向かわせる波動の重い存在（悪魔や波動の重い異星人等）たちがまだまだ居ると言われています。彼らが人類や地球に及ぼす影響が強いため、そういった存在たちが手の届かない5次元領域まで波動を上げ、新しい美しい地球へと進化していく道を地球が選んでいると理解しています。

　そして、現在、２万６千年に一度のアセンション期に居ると言われています。地球は約２万６千年周期で、アセンション（目覚め）と、ディセンション（眠り）を繰り返していると言われています。約１万３千年の目覚めの期間と、約１万３千年の眠りの期間で１周として、２万６千年ということです。

　地球がアセンションする機会は、２万６千年に一度だけです。今回のアセンションを逃したり、失敗したりすると、次のアセンションのチャンスは、また２万６千年後ということになります。

　地球は、過去６回、アセンションに失敗してきたと言われています。アトランティスやレムリアと呼ばれる文明も、アセンションに失敗して沈んでいます。最近、アトランティスやレムリアの過去世を思い出している人たちも増えていますが、そういった人たちは、「今回こそは成功させる」という思いで生まれて来ている可能性が高いと思われます。

　アセンションする場合、死後、霊となって５次元へ上がるのが通常だそうです。しかし、今回の地球５次元アセンションは特殊で、地上で人類が肉体を持っ

たままアセンションするという、宇宙でも初の試みが行なわれます。だから、宇宙でも非常に注目されているというわけです。

　サナンダ大天使（イエス・キリストのハイヤーセルフ）は、「通常は、1つの次元を上がれるだけの進化をするには数億年要する」と言っています。それが、今生だけで5次元に上昇できるのは、特例中の特例で、宇宙からの最大のギフトだとも言っていました。

　2021年の冬至の時点で『目覚め』(5次元アセンションへの道)を選ぶか、『眠り』(今まで通りの3次元地球)を選ぶかの選択は既に終わっています。眠りを選んでいる人は、まず、こういった情報には縁がありません。これがいわゆる二極化と言われるものですが、どちらを選ぶのかは個人の自由意思に委ねられており、どちらを選んだとしても、自分の選んだ世界が展開されていくだけなので、特に問題はありません。まだまだ3次元での魂修行が残っている人もたくさんいますし、眠りの生き方に幸せを感じる人もたくさんいます。眠りと目覚め、どちらが良いかは、人それぞれ違い、自由に選べ、強制されるものではありません。今回は、

完全に眠りを選んでいる人はこの本を読むことはないので、目覚めを選んでいる人を対象に話を進めています。

今回のアセンションに対して、地球は宇宙に支援要請を出しており、多くの高次の宇宙種族たち、高次元霊、アセンデッド・マスターたちがそれに応えて、万全なバックアップ体制を取って、地球の支援に入っています。これはプレアデス評議会を中心とした銀河連合（アンドロメダなどの多くの銀河系や星系からなる200以上の文明の集まり）や、たくさんの宇宙種族からのチャネリングメッセージや、未確認飛行体の視認が増えていることによっても推察できます。

但し、宇宙の法により、直接介入は許されていないため、補助的なことやインスピレーションを与えたり、ヒーリングエネルギーを送ったりする程度の支援に限られています。唯一、直接介入が許されているのは、核戦争になった場合、核爆弾を起爆させないように阻止したり、不発に終わらせたり、核を無効化させるということぐらいです。プレアデスや銀河連合は、その

時の介入は必ずやると約束しています。万が一、世界核戦争になり、銀河連合が核を阻止できなければ、地球の今回のアセンションも失敗に終わり、今の文明が崩壊するだけで、自業自得と受け入れるしかないです。しかし、核戦争や第３次世界大戦は無いと思っています。

　それ以外の介入として、当初人口削減ワクチンと危険視されていたコロナワクチンも、プレアデスの医療船団が、「毒性を弱めることに成功した」と言っていました。それが本当かどうかはわかりませんが、思ったよりもワクチン接種による死者や重症者が少ないので、そうだったのかもしれません。このように支援はあるとは言っても、目に見えない程度の介入であるため、真偽がはっきりと確認できるようなものではありません。

　そして、地球と人類を支援しているもうひとつの目に見えない存在として龍神がいます。地球と人類に寄り添って、天に於いても、地に於いても、縁の下の力持ちで働いている龍神たちの存在も忘れてはならないと思っています。彼らも当然、地球５次元アセンショ

ンに尽力しています。龍神たちも目に見えぬ仲間たちです。龍神たちにも日々感謝し、もっと身近に感じられるようになるとサポートを受けやすくなります。

　このように様々な支援はあると言っても、主役は、地球と地上で生きている人間なので、我々で何とかしていくという心構えは必要です。

　それでは、アセンションの話の前に、占星術から見た2つの時代の切り換わりについて解説したいと思います。この時代の流れも、アセンションに非常に関わりが深いものであることがわかります。その時代とは、『水瓶座の時代』と『風の時代』です。

「魚座の時代から水瓶座の時代へ」

　占星術に於いて、黄道帯（太陽が地球を中心に動いているものとした、天球上の通り道）の周期が地球にあり、それが25920年（約2万6千年）とされています。地球の地軸が12星座を順番に回り、1周するのに約2万6千年かかるということです。地球が銀河を1周

する周期とも言えます。1つの星座を約2千年（2160年）かけて移動していきます。

　魚座の時代は、イエスが生まれた時代から2012年の冬至までと言われています。そこから次の水瓶座の時代に入り、2020年以降は、完全に水瓶座に移行したと言われています。

　魚座の時代は、男性性の時代であり、支配や権力争い、上下関係の時代でした。宗教的な時代、自己犠牲の愛、倫理道徳、二元性の分離の世界（善と悪、支配と隷属、神と人間等）、階級社会、覇権社会、戦争、競争、物質的繁栄といった特徴がありました。

　これが水瓶座の時代へと変わると、その性質も大きく変わっていくことになります。

　水瓶座の時代は、女性性の時代、愛、優しさ、調和、共存、共栄、個人を生かし、個人を大切にする時代、自立していく時代、嘘やごまかし、権力でねじ伏せることが通用しない時代、男性性と女性性の統合、分離から統合への時代になっていきます。

　天王星を支配星とする水瓶座は、「コミュニティ」「個

性」「協働」「自己表現」「アイデア」「分かち合い」「スピード」「柔軟性」「人類愛」「公平性」「自由」「改革」「理想主義」「進歩的」「最先端科学」といったキーワードを持ちます。

　水瓶座は、スピード重視の星座です。あっと言う間に、一気に新しいものが広まるといった時代になっていきます。そして、知性や知識や情報が、これから主要な価値となっていきます。

　また、水瓶座の時代は、クリスタルのような透明な時代で、真実でしか生きられません。一人ひとりが自立して、自分の人生を自分で選び、本当の自分を生き、その責任を自分で取って生きていく時代です。個性を活かし、グループや社会全体に役立てる時代です。この新しい流れに伴い、内側に隠されていた汚れも表面に浮上し、浄化されていきます。ネガティブな心や、古い観念や思い込みを手放し、浄化されていくほど、望むヴィジョンや目標が今まで以上に速いスピードで現実化していきます。

　そして、すべてのものは『オープン』になっていきます。水瓶座の時代のために一掃されなければならな

いものは、どんどん明るみにされていきます。また、秘教的な情報、宇宙からの情報、人間の生命の神秘などの情報も、どんどん公開されていきます。

　神話では、水瓶座のガニュメデスが持っている水瓶の中には神々の英知の源となる水が無限に流れ出ていると言われています。この無限に流れ出る水は、「無限に流れ出す知恵」であり、「光」であり、「情報」であります。

　水瓶座は、12番目の最後の星座であり、ユートピア社会が地球に訪れる時代を意味しています。このように大きな変化の訪れが予測されるのが、水瓶座の時代になります。

「地の時代から風の時代へ」

　次にエレメント（水・火・地・風）の観点から見ていきたいと思います。エレメント的には、2020年12月22日の水瓶座グレートコンジャンクション（木星と土星が重なる現象）を機に、地（土）の時代から風の時代へと切り換わりました。

　このエレメントの移動は、200 年〜 240 年毎に移り変わります。水の時代→火の時代→地（土）の時代→風の時代というサイクルにあります。2023 年は、まだ移動中ですが、2026 年には完全に地の時代は終焉を迎えます。

　それでは、それぞれの時代の解説をしていきます。水の時代と火の時代は、今生で関わることはないので省略させていただきます。

　地の時代（1842 年〜 2020 年）は、産業革命から始まる物質至上主義の時代でした。この時代の特徴は、「縦社会」「お金」「物質主義」「土地」「所有」「階級社会」「ステータス」「肩書き」「努力」「上昇志向」「組織」「常識（既成概念）」「境界線」「安定」「蓄積」「信頼」「目に見える価値（物質）」「豪華」「多数派」「伝統」「文化」といった安定や高ステータスが目標といった時代でした。高学歴、企業ブランド、肩書きや地位や年収でマウントを取り合う時代であったと思います。

　しかし、2020 年 12 月 22 日から、自由とスピードと情報の時代である「風の時代」へと突入しました。

風の時代の特徴は、「自由」「個を大切にする」「自分らしく生きる」「情報」「インターネット」「共有」「調和」「統合」「幸せ」「対等」「目に見えないものに価値を置く」「スピード」「手放し」「知性」「ボーダーレス化」「変化」「精神性」といったものです。

　特徴から見てもわかるように、地の時代から風の時代への変化によって、かなり大きく価値観が変わっていくものと思われます。物質至上主義の資本主義も恐らく崩れ、違うものに変わっていくのではないかと思います。これからは、組織や上下関係に縛られない生き方、縦社会から対等な繋がりの社会、△型のピラミッド社会から○型の和の社会へと変わっていくと予想されます。個人の幸せを大切にし、個を生かして集団に役立てる生き方、型に嵌まらない自由な生き方に変わっていきます。

　また、お金の価値観が薄れ、情報や体験の豊かさが重視されるような時代へ、目に見えるモノから目に見えないものに価値観を置く時代、心の時代、精神の時代へ入っていくと思われます。「物」の豊かさから「心」

の豊かさへと少しずつ変わっていくでしょう。

　このように占星術の観点から見ても、現在は時代の大きな端境期にいることがわかります。水瓶座の時代と風の時代の相乗効果で、世界的にも、社会的にも、企業や個人にも大きな変化が押し寄せることは避けられないと思っています。

「５次元アセンションへ向けて」

　では、ここで５次元アセンションに話を戻したいと思います。５次元アセンションとは何かをひと言で言えば、ズバリ『意識の次元上昇』です。３次元意識から５次元意識へと変化変容していくことです。地球が物理的に３次元の地球と５次元の地球に２つに分裂して、地球が２つできるということではありません。同じ地球上に３次元世界を繰り広げている人や空間や意識があり、５次元意識に上昇した人たちの世界も広がっていき、それぞれの意識によって関わる世界が変わっていくという感じです。

　場所や空間の移動というよりも、心の変化がアセン

ションへの鍵となります。霊能力や超能力の有無はそれほど関係ありません。霊的精神性の向上、5次元意識を身に付けるということが、5次元アセンションへの鍵となります。

　地球は既に5次元アセンションすることを決め、徐々にアセンションし始めています。それに伴い、地上では様々な膿み出しや、浄化が始まっています。完全に5次元アセンションが完了するのは2032年〜2038年ぐらいだと言われています。但し、タイムラインは日々の流れによって変わっていくので、大よその目安で捉えるべきです。一夜にして変わるというものではなく、段階を追って、徐々に変わっていくものだと認識しましょう。

　では、5次元にアセンションするとどうなるのか？地球自体は天変地異等による浄化は終わっていると思われるので、本来の美しい地球の姿、美しい穏やかな自然を見せてくれていると思います。世界が明るく輝いて見えたり、感じられたりするようになっていると思います。

　それでは、我々人類はどうなっているのか？　宇宙種族やアセンデッド・マスターたちから言われていることは、5次元システムに対応するために、人体に3つの変化が起こるそうです。

①ＤＮＡが二重螺旋構造から12螺旋構造へ進化する。

②細胞が炭素ベースからケイ素（クリスタル）ベースへ変化する。

③チャクラシステムが現状の7つから12ないし13チャクラへと拡大する。

　この3つの変化は、見た目ではわからないそうです。

　いつ、こうした変化が起こるのか？　この情報もまちまちです。銀河連合の宇宙船に引き上げられて、そこで改造され地上に戻される説、太陽フレアーや宇宙エネルギーを浴びながら少しずつ変化していく説、ある時期に達すると人類が一斉に17時間ぐらいの眠りに就き、一夜にして変化する説などがあります。

　また、ＤＮＡには既に5次元仕様の肉体に変化するためのスイッチが組み込まれており、人それぞれに時期が来たら起動されて変化するという説もあります。これを信じていたり、潜在的に知っている人は、

遺伝子に悪影響を与える可能性のあるｍＲＮＡワクチンや遺伝子組み換え食品などに嫌悪感を覚え、避ける傾向があると思います。

　細胞が炭素ベースからケイ素ベースに変化することによってクリスタル化し、宇宙からの情報やエネルギーである光を吸収しやすくなります。13チャクラに進化することによって、宇宙種族や高次元霊とのアクセスがしやすくなります。こうして、宇宙時代や新たな精神世界の時代へと突入していくことがイメージできます。

　では次に、地球５次元アセンション完了後、どのようになっているのかを銀河連合が伝えた内容がありますので、それを紹介したいと思います。

　まず、人々のハートチャクラが開き、高次領域からの情報が受け取れるようになります。銀河連合がそのための支援をしてくれるそうです。そうなることによって、アカシックレコード（膨大な知識が記録されている図書館）にアクセスできるようになります。宇宙種族たちの宇宙船に訪れることもできるようになり、交流も始まります。宇宙船に乗って、他の星へ移

動することも可能になります。

　5次元の世界は、ネガティブな要素をすべて排除した新しいエネルギーの現実であり、そこに住むすべての意識ある存在がより質の高い人生を送れるようになります。これまで他人から受けていたネガティブな影響を一切受けなくなります。

　光と愛と自由の世界が広がっています。あらゆる幸福と無限の可能性が広がっている世界です。誰もが協力して生き残り、誰もが簡単に自分の人生を楽しむことができる世界です。健康や富など欲しいものは何でも簡単に手に入れることができます。これは一人ひとりが引き寄せの達人になっているからです。

『GESARA』が施行されて、貧困は無くなり、誰もが生きていくのに十分なお金を持てるようになります。誰もが自由で好きな趣味を楽しみ、好きな時に、好きな場所で、好きな仕事をすることができるようになります。人々の意識は高まり、喜びと幸福を享受することができるようになります。環境、バイオフード、幸福のための新たな能力が得られ、それによって、地球の救済と浄化のための雇用が創出されます。

銀河連合は、このように伝えていました。

　ここで『GESARA』という単語が出て来たので、自分なりの解釈で、どのようなものなのかを解説していきたいと思います。

　これはまだアメリカが力を持って主権を握っていた1990年代に、クリントン元大統領が、地球の平和条項を提案する善の宇宙種族と交わした密約と言われています。これが『NESARA/GESARA』と言われるものです。しかし、これは緘口令が敷かれ、公に出ることはありませんでした。『NESARA』とは、National Economic Stabilization and Reformation Actの略で、『国民（国家）経済安全保障改革法』と呼ばれる宇宙協定です。NESARAはアメリカ国内向けのものであり、これを地球規模で世界展開させたものが『GESARA』（Global Economic Stabilization and Reformation Act）、『地球経済安全保障改革法』です。「R」の「Reformation」は「Recovery」と表記されることがありますが、『改革』を表しています。

　「NESARA/GESARA」でどのようなことを宇宙種族

と取り決めたのかを簡単に言えば「核を手放し、戦争を放棄し、富を全人類に公平分配すれば、銀河連合がフリーエネルギーや、人類が地球で平和に豊かに生活していくための技術をどんどん提供します」というような内容です。

　GESARA は 20 項目ほどの条文になりますが、一般市民が期待している部分を要約して記します。

・今までの紙のお金は廃止され、金・銀・プラチナ本位制に裏付けられたデジタルマネーに置き換わる。

・今まで富を集めていた上位 5％ の支配層の資産が世界銀行に没収され、その資金が国民一人ひとりに公平に再分配される（これは月々 15 万〜 20 万ぐらいのお金がベーシックインカムとして生涯受給され、トータル的には一人当たり数千万から数億円が配布されると言われています）。

・GESARA が発動されると、すべての借金（住宅ローン、クルマのローン、消費者金融ローンなどすべて）は帳消しとなり、新しい銀行システムが開始される。

・このデジタルマネーは、ブロックチェーン技術と量子コンピューター技術で守られ、一人ひとりのお金

が安全・公平に管理される。金融犯罪を犯すと瞬時にデジタルマネー口座は凍結・没収されるので、金融犯罪自体が無くなる。

・所得税などの各種税金がすべて無くなる。国を管理するために必要な税金は消費税14〜17%ですべて賄う。食料品、医薬品、中古品などはすべて非課税になる。

・フリーエネルギーを使うため、電気、ガス、通信手段が無料になる。

というようなもので、アメリカのNESARAから始まる予定でした。しかし、当然、世界を支配している支配層、カバール、ＤＳ（ディープステート）、イルミナティ、ＣＩＡ等が賛同するわけがなく、配下にある権力者、世界のマスメディア、知識人などをフルに使い、陰謀論として徹底的に潰していったという流れにあります。

トランプが大統領になった時、ＤＳ側のヒラリー・クリントンを倒したことにより、いよいよ「NESARA/GESARA」が発動されると、Ｑアノンやホワイトハッ

トがトランプをバックアップし、それに賛同する市民たちが熱狂的に応援していたことは記憶に新しいと思います。JFKジュニアまで生き返らせようとして、トランプとJFKジュニアの正義のWヒーローが腐ったアメリカを救ってくれる、抑圧された貧困から解放してくれると妄信していたのが、Qアノンとその支持者たちです。バイデンとの大統領選挙の最後に、宇宙船（UFO）が姿を現し、存在を証明してくれたら良かったのですが、銀河連合の艦隊が姿を現すことなく終わったことに失望した人たちが多かったのではと思っています。

『NESARA/GESARA』を発動させるには、不正を働いて巨額な富を築いている闇の支配層の大量逮捕、財産の没収、金融リセット（RV）、世界通貨リセット（GCR）、量子金融システム（QFS）、機密解除/情報開示（DECLASS）などが必要となってきます。そのどれもが一筋縄ではいかないものばかりで現実的ではありません。財産の没収にしても、闇の支配層の分だけで足りるのか、普通の金持ち階級からも徴収していくのか、その辺も明確でありません。

そういったことを、国家非常事態宣言を出して、世界同時緊急放送を流し全国民に知らしめて、自宅待機させている２週間から１か月の間にやっていくという話だったので、どう考えても無理があります。

　既に移行に伴う準備ができていたり、デジタルマネーが給付される全国民の個人情報の把握や振込先の統一など、様々な準備が整っていたりしない限り無理だと思います。高性能なマイクロチップを全国民に埋め込んで、そこに電子情報を取り込み、量子コンピューターで一括管理していくというのなら、まだ現実味が帯びてくるかもしれません。

　自分もトランプ大統領の時に、どんな方法で進めていくのか非常に興味津々でしたが、『NESARA/GESARA』のＮの字も出て来なかったし、大量逮捕も情報開示も無かったので落胆したことを覚えています。

　しかし、フタを開けてみれば、全マスコミ、上・下院議員のほとんど、共和党の内部、副大統領までもがＤＳ側で、ホワイトハウスにもスパイが潜伏していたとなれば、明らかに無理だと悟りました。トランプ元

大統領も、最初からそんな事は考えてなかったように
も思っています。『NESARA/GESARA』は既得権益
をすべて壊すぐらいの事が起こらない限り難しいと
思います。また、『NASARA/GESARA』はガセ情報
で、市民や反乱者をガス抜きさせ、落胆させるための
CIA による情報操作だという話もあります。これが
『GESARA』についての現状になります。

　では、氣を取り直して「5次元アセンションしてい
くために必要なこと」をまとめていきたいと思いま
す。「GESARA」のように、一気に政府が国民を幸せ
にしてくれるという願いはあってもいいのですが、今
の政府はそういった方向に意識が向いておらずここ数
年でできるようなものではないので、氣持ちを自分軸
に戻していきましょう。5次元アセンションは、誰か
にやってもらうものではなく、自分でやっていくもの
です。他人軸から自分軸に意識を切り換えて、自分が
自分の現実を創造していくという観点で進んで行きま
しょう。

1.「自分軸（真我軸）で生きる」

　自分軸で生きるとは、真なる自分に忠実に生きること、真我に沿って生きること、ハイヤーセルフ、神性なる心に従って生きることを意味します。

　自分軸とは「我」を出して我がままを押し通すということではないので、そこが注意点になります。エゴによる自分軸を通していくと、たいてい対立や不調和が起こり、物事もうまく進みません。ルールを守らず、周囲のことを考えず、己の我を通して迷惑を掛けるのは自分軸とは違います。真我による自分軸は、調和を重んじるため、そうした不調和なエネルギーを好みません。

　また、エゴの自分軸を主張している人がいても、ジャッジは不要です。自分勝手に我がままに、好き放題に振る舞えば、必ず、あちこちにぶつかります。あちこちにぶつかることによって、他を知り、己を知り、様々に学んでいくことになります。その人は今、本当の自分軸の学びを体験している最中だと思って、氣付くのを待ちましょう。放ったものは巡り巡って、結局

自分に戻ってくるので、どの道自分で受け止めて、自分で改善していくしか方法はないのです。他人に注意されて変えるのではなく、自分で氣付いて変えていくのが自分軸になります。

　5次元アセンションを目指す場合、他人軸を捨て、自分軸で生きていくことが求められてきます。他人軸とは、国のため、社会のため、会社のため、組織のため、家族のために自分を犠牲にすることです。「両親に言われたから」「上司に言われたから」「誰かの受け売り」「人の意見に左右される」「何でも人のせいにする」「周りの目を気にする」「上からの命令は絶対服従」などは他人軸です。

　なぜ、他人軸ではなく自分軸が大事になるのか？根底には、支配層に造られてきた3次元地球世界（支配、管理の社会）から脱却するためという観点があります。今までは、支配層の言いなりになって、上に尽くすというのが社会の在り方でした。しかし、神（宇宙）は、それを望んでいないということです。

　一人ひとりが源の神から与えられた分魂を発揮して、自立して、自分の人生を生きていく、光の存在と

して自分を輝かせていく、自分を追求して進化、発展させていくことを望んでいるからです。神も宇宙も自分の心の中にあるからです。

　そして、この自分軸・真我軸というのは、風の時代の流れも追い風になっていきます。風の時代は「個」の時代、「個性」の時代でもあります。これからは地の時代でもてはやされた How to は通用しなくなっていきます。それは、成功や成功への道は、人それぞれ違ってくるからです。そして、スピードが重視されていくため、How to を学んで、訓練を積んで、実力を付けてからでは取り残されていきます。無駄になることはないのですが、うまくいかなくなっていきます。

　これからは、自分で考え、ハイヤーセルフ、心の声に従うことが成功の秘訣となっていきます。ハイヤーセルフは、成功や達成したい事に対して、最短の道を伝えて来ます。それを How to の枠に当て嵌めて判断してしまうと迷いが生じたり、即行動に移せなくなったりします。自分軸・真我軸に沿って行動していくことにより、答えは出て来ます。達成への最短の道を進むことは、霊的精神性の向上にも繋がっていきます。

　また、「個を大切にする時代」「個と個の関係の時代」ということは、これからは個人の表面的な魅力や内面的な魅力といった人間力に価値観を見出していくと考えています。

「個を大切にする」ということは、突き詰めていくと、己を磨き、自分の個性、神性を見出し、大切にしていくということに繋がっていくと思います。

　自分の神性を磨く、唯一無二の自分を見出していくといっても、何も立派になろうとする必要はないです。

　それよりも、自分の個性を見出し、自分らしさを追求していくことが大事です。

　注意点としては「聖人君主を目指さないこと」「真面目になり過ぎないこと」「自分に厳しくなり過ぎないこと」です。堅物過ぎては面白味に欠け、孤立していきます。真面目過ぎると窮屈になり、挫折してしまいます。自分に厳し過ぎると、他にもそれを強要するようになり、理想通りに行かないと不機嫌になり、ある日感情が爆発します。

　世の中、いろいろなキャラがあったほうが楽しく、世界も広がっていきます。人と違ってOK！　みん

な一人ひとり違う個性を持っているので、それを磨いていく。

　自分の個性も他人の個性も認めて、大切にしていく。

　そういうことで良いと思っています。

　そして、こうした「個」を確立していくには、自分軸というものが、どうしても必要になってきます。

　このように、これからの時代は、自分軸というものが大切になっていきます。まずは、「我良し」を悪とする考え方から脱却し、自分を大事にし、自分を見つめていくことから始めていきましょう。

2.「無条件の愛」

　5次元意識ともなると、大きく源／ソース／根源の神に近づいていくために、愛の本質を知り、愛に近づいていかなければなりません。今までの3次元地球の条件付きの愛から、5次元以上の無条件の愛に心をシフトしていく必要があります。但し、これはかなり難しく、一朝一夕に身に付くものではないので少しずつ取り入れて、意識を広げていきましょう。

　それでは、具体的に説明していきたいと思います。「愛する愛」「生かす愛」「許す愛」「存在の愛」を学んで実践されている方は、それをやっていってもいいと思います。

　しかし、ここでは「無条件の愛」というものが必要になってくるので、それを解説していきたいと思います。

　無条件の愛とは、具体的に言うと、「ジャッジしない」「誹謗中傷しない」「攻撃しない」「戦わない」「レッテルを貼らない」「被害者意識を持たない」「善悪二元論を持ち込まない」「すべてを受け入れる」「すべてを優しく包み込む」といったものです。

　３次元の愛は条件付きの愛だったけれども、無条件の愛となると、善も悪も愛する、美醜関係なく愛する、光も闇も愛する。愛するというより、受け入れるという表現のほうがわかりやすいかもしれません。要するに、存在するものすべてを愛する、受け入れるという広い心、広い視座に立つ、広い意識を持つということが鍵となります。神に善も悪もなく、すべてを包括しているのが源の神だからです。

闇や悪も愛するというのは同調するということではなく、存在することを認めて許していくということです。同調したり、ウェルカムをしたりすると、それらを引き寄せてしまいます。そうしたものもあると一度受け入れて、手放していくという行為が大事になります。すべてのものに二元性があります。それを踏まえて光を選んでいくということが大切です。

　悪や闇に対して、上から目線にならないようにする。すべての人が、根源の光に向かって旅をしている同じ仲間として見ていく。悪や闇と戦わない、叩かない、攻撃しないで許していく。なぜなら、彼らは彼らで、それに伴う大きなカルマを背負うことになり、大変な事が待っているからです。因果応報からは、誰も逃れることはできないからです。

　そして、一人ひとりのカルマを神仏が代わりに背負ったり、消したりすることはできません。カルマは人や神が代わってやれるものではないからです。だから神であっても救えないというのが真実なのです。

　現在、カルマの刈り取りをしていて、大変な試練の中にいる人も数多くいると思います。そのような苦し

い中にいる人がいたら、応援の声を掛けてあげましょう。「大丈夫、あなたなら必ず乗り越えられる。必ずうまく解決していけるよ！」と力強く言ってあげましょう。自分が試練の中にいる場合は、それを受け止め、必ず解決できると決意し、それを乗り越えていきましょう。少しでも、そのカルマを解消していきましょう。

　このように、自分も他者も重荷を背負って向き合っているということを知ることによって、無条件の愛に近づいていきます。

　世の中のほとんどが二元性（二面性）を有しています。陽⇔陰、善⇔悪、光⇔闇、明⇔暗、昼⇔夜、楽⇔苦、大⇔小、長⇔短、美⇔醜、豊⇔貧、天使⇔悪魔などです。しかし、それらは別物ではなくて、同一線上にある同じ性質のものです。

　そう考えると、光が闇を打ち負かすとか、天使が悪魔をやっつけるとか、両端どうしが戦うということは、良い面の自分と悪い面の自分が戦うようなものであります。どちらかに勝敗をもたらし、どちらかを消し去

るというのならば、自分のもう半分を殺してしまうようなことになります。

　そして、たとえどちらかを完全に消し去ったとしても、不思議と次のような事が起こって来ます。善が悪を消し去ったとしても、残った善の中から悪が芽生えて来ます。悪が善を消し去ったとしても、残った悪の中から善が芽生えて来ます。

　太極図のように陰陽は織りなすものであり、どちらかを完全に消し去ることはできないということを悟ることです。すべてに於いて、二元性があることを受け入れていくことが大事です。宇宙や神(ソース/源)は、中立の立場に立っています。中立の視点で見ていくことが大切になります。

　闇と戦うとは、闇と喧嘩して、力で打ち負かすということではありません。決して、「神の光のビームでやっつけてやる！」とか、「正義の剣で一刀両断にしてやる！」とかの正義のヒーロー的な戦いではないことを知ってください。闇と戦うとは、闇を払い、光を救い出すことにあります。闇を敵と見るのではなく、同じ仲間として捉え、その闇の部分を取り払いながら、

中に隠れてしまった光の部分を救出していくという行為です。それが光の戦い方です。善悪や光と闇との戦いの波動を捨て、そこから離れて、高い位置に立って見るという視点が大事です。意識を拡大していくということに照準を絞れば、二元性を理解し、すべてを受け入れていくということも可能になります。

　外の世界の事だけではなく、自分の意識の中に於いても同じです。自分の都合のいいところだけを統合するのは、真の統合ではありません。要らない部分まで溶け合わされて、最適化するような統合を行う時、すべてがひとつだという真実に統合されていきます。こういったすべてのものを、内面的に受け入れて、抱き締め、処理し、最終的には手放していくという統合作業をすることにより、より多くの光を取り入れることができるようになります。

　こうした、すべてのものを受け入れ、統合し、手放していくというサイクルが人生に淀みない流れを作り、水のように融通無碍な生き方をしていける秘訣ではないかと思っています。

難しい話になってしまいましたが、「無条件の愛」を実践していくにあたり、大事なことは、心の扉を開いていくことです。敵視する心を収めることです。自分以外すべて敵、知らない人はすべて敵と思うと、戦闘モードに入ったり、身を守るために鎧を着て、防護壁を立てたり、閉じ籠もることになります。そういう状態を続けると、戦う心と疑心暗鬼の意識で心がいっぱいになり、愛や光が入って来なくなります。そうなると、魂はどんどん淀んでいき、枯渇していきます。

　5次元の平和と調和の世界へ向かうのであれば、3次元の戦いとサバイバルの世界から卒業していきましょう。鎧は脱ぎ捨て、戦いの意識から抜けていきましょう。これも、信じる心がないと、なかなかできることではないと思っています。

　5次元の話は抜きにしても、これからの風の時代は「オープンな時代」へと変わっていきます。閉鎖的なことをやったり、守りに入ったりすると時代に取り残されていきます。そこを踏まえても、広い心を持ち、意識を広げることに努めていくことが得策と思っています。

3.「ワンネスによる調和」

　調和と言えば、日本人に最も根付いている精神であり、天照大神の御心そのものであり、日本人の心の中核であります。古来より、「和を乱してはならない」ということで「個」を抑え、調和をより大切にしてきました。

「和を以って貴しと為す」という「和」の精神は、自分が最も重要視して、尊重している精神であります。それは、大いなるものに同調し、溶け込み、ひとつのより大きな美しい調和を体現していくというものです。国や、地域や、社会や、組織や、会社や、家族や、自然や、神に溶け込んで調和していくという「和」です。

　日本古来より培われてきた「大和の心」とは、大きく和していく心、という心です。

　一本の木の紅葉が様々な葉の彩りの調和によって、より美しく見せるように、またその木が周りの他の紅葉した木々と溶け込み調和して、より大きな美しい風景を見せていくように、そして、それらの木々が集まった山々としての美しい紅葉の景観を見せていくよう

に、より大いなるものに溶け込んで、調和して、全体としての美しい姿を見せていくというのが大和の心の本質であると思っています。調和による美しい日本の実現という理想が大和の心の根底に流れていると思っています。

　この「大和の心」は、日本人の魂として、今後も残していくべき精神だと思っています。

　しかし、5次元アセンションへ向かうと、この「和」というものの在り方が、大きく変わっていきます。それが「ワンネスによる調和」というものです。
「ワンネス」とは、あらゆる生命体は宇宙の源／ソース（創造主）と繋がっている存在であることを意味します。ワンネスとはひとつにまとまるということではなく、それぞれが大いなる源／ソースに繋がっていて、その大いなる源／ソースの下でワンネス（ひとつ）という考えになります。

　これからの時代の「和」は、自分という「個」を尊重しつつも、他の「個」も認め、受け入れながら調和していく「和」というものに変わっていきます。集団

意識よりも「個」と「個」の融合が大事になっていきます。

　決して、ひとつの思想に同調させて統一させる「和」ではないということです。ひとつの事にみんなで協力し合うことだけが調和ではないということです。地の時代では当たり前であった連帯責任というものは、「和」というものを悪用した支配層が生み出した知恵であり、洗脳であったということを知るようになるでしょう。

　同調するかしないかは個人の自由で、強要されるものではありません。そういったことを踏まえて、お互いを認め、敬ってこそ、本当の和というものができてきます。

　それぞれ違ってもいい。氣の合うグループ、氣の合わないグループ、一匹狼があっていい。それぞれの違いを認めて、それぞれの個を伸ばして、他を侵害せずに認めて生きていくのが「ワンネスによる調和」になります。

　全体主義がワンネスによる調和ではないことを知りましょう。闇のワンネスではなく、光のワンネスへ向

かいましょう。闇のワンネスとは、NWO（ニューワールドオーダー）、全体主義、超管理社会による支配体制のことです。光のワンネスとは、人類、宇宙種族もすべて神の分魂を持つ同じ仲間として、他を認めながら生きていく姿です。

　同調することが調和ではない、ひとつにまとまることが調和ではないということを知りましょう。５次元の調和は、お互いを認め、融和していく考え方にあります。

4.「ネガティブを手放す」

　３次元の重い波動を手放し、５次元の波動／振動周波数に合わせていかないと、５次元領域には入れないし、宇宙種族も入って来られません。波動を上げていくためにどんどんネガティブなものを手放していきましょう。戦争していたり、戦っていたり、誹謗中傷していたり、非難や批判をしたり、マウントを取り合ったり、恐怖や不安の中で生きていたり、絶望の上に自殺を考えていたり、他人軸で生きていたり、そのよう

な低く重いネガティブ波動の中に居ては、5次元領域に入れません。そうした重い3次元波動を手放し、浄化していくことが大切です。苦しみの中にいる人はその苦しみを手放していくこと。波長同通の法則で、同じ波長のものが引き寄せられて来ます。3次元の波動で生きれば3次元世界を引き寄せ、5次元波動で生きれば5次元の世界を引き寄せていきます。

　また、ポジティブなものも手放して、身軽になる必要もあります。そのポジティブなものとは、過去の栄光です。過去の栄光は、そこにずっと念いが留まってしまい、新たな成功を呼び込むことを阻むので手放していく必要があります。よいものもそれを手放すことによって、それ以上によいものが巡ってくるからです。ですから、ネガティブも、ポジティブも、どんどん手放して新しいよい流れを取り込んでいきましょう。

5.「波動／振動周波数を上げていく」

　今世の地球5次元アセンションの目的は、人間一人ひとりが神としての本質に目覚め、自立して、自らの

人生を創造して生きていくことにあります。あらゆる洗脳を解き、エゴの自分、偽りの自分を終わらせ、真我を取り戻して生きていくこと、最高の自分となって、最高の人生を生きていくことです。

アセンションは個々の心の中から始まっていきます。アセンションするのは肉体や個性ではなく「魂」であり、その魂こそが真の自分、真我です。

そして、一日一日を丁寧に生きていくことが悟りへの道となります。大きな事をする必要はありません。日々にある、ほんのちょっとした氣付き／小さな発見が大事です。この氣付きや学びの積み重ねが霊的精神性の向上に繋がっていきます。

覚醒した者として、どれだけ心を周りに解放できているか、どれだけ優しさを周りに広げているか、何人の人々に微笑むことができたか、ということに関心を持つことが意識の拡大に繋がり、アセンションの道に繋がっていきます。

自分の人生に於いて、真なる自分の心に集中して過ごしていくことです。外で起きている出来事に惑わされないこと、それに首を突っ込んでジャッジしたり

戦ったりしないこと、他人の心を高めようとするのは無駄だと知ることです。人を救うのが人生の目的ではないことを知ることです。

　5次元的な生き方とは、国や、社会情勢や、気候変動や、世の中で起こっている事、マスコミの情報やフェイクニュースなどに左右されずに、ブレない自分軸で、愛に溢れた平和な心で日々を過ごしていくことです。地球や自然に感謝し、調和して生きていくことです。「楽しく過ごす」「気分よく過ごす」「ご機嫌さんでいる」ということでも振動周波数を上げていかれます。わくわくして楽しいことをすることにより、振動周波数を上げることができます。心の状態を常に意識して、日々を安らかに過ごして参りましょう。

　今、この時代に生まれて、生きている人たちは、選ばれた人たちだと言われています。ただ呼吸して、生きているだけで尊いと言われています。様々な転生をして来ている中でも、地球5次元アセンションという希有な時代に生きています。

　人類も、宇宙種族も、3次元であっても、5次元で

あっても、大いなる源に帰っていく旅路を歩んでいる仲間です。その源の神は、宇宙の果てや、太陽の中にいるのではありません。一人ひとりの心の内にあります。そして、その魂の源／ソースに帰っていく旅路も心の中にあります。テーマは「愛」です。自分をもっと愛することによって、神に近づいていきます。振動周波数も上がっていきます。

　このような貴重な時代に生きていると感じるならば、3次元的な諍いの世界から抜け、5次元の平和と調和の世界へ目を向けて進むほうが、希望あふれる幸せな世界が広がっていくと思いませんか？　変化を恐れず、変化していくことが宇宙の理と悟り、変化を楽しみながら生きていく。真実に目覚め、自分の神聖さに目覚め、5次元アセンションを楽しみながら、源／ソースへの旅路を共に進んで行けたら心強く思います。

おわりに

　かなり中身の濃い内容だったにもかかわらず、ここまで熟読いただき、ありがとうございました。

　いろいろと書いてきましたが、自分としては、「地球と自然を愛し、地球と自然と調和し、地球と自然と共に生きる」ということが、根底の信条としてあります。地球に住まわせていただいているので、地球に感謝して生きるという感覚です。

　ですから、「地球が５次元にアセンションを決めた」のであれば、当然、「自分も喜んで付いて行きます」という感じです。

　これから地球規模で浄化が始まっていき、様々な天変地異も起こってくると思っています。

「大難を小難に、小難を無難に」と祈ることは、平和に暮らしていくために、とても大事なことであります。

　しかし、自分は特殊な考え方の持ち主なので、違う考えを持っています。

　地球の気分が悪くなり、悪いものを出すために嘔吐するのならば「どうぞ、嘔吐して、出し切ってくださ

い」と言います。もし、体にヘドロが付いて洗い流したいのであれば「どうぞ、洗い流して浄化してください」と言います。「自分は介抱もするし、地上にいる人間として後処理もしていきます。だから、安心して悪いものを出し切ってください。完治したら、また美しい地球を見せてください」という氣持ちでいます。

　地球の天変地異は、地球に必要があって起きるものだと考えています。そして、それを尊重し、受け入れるというスタンスでいます。逆に、人間心で押さえるものではないと思っています。

　天災が来るのが、前もってわかっていれば、そこから離れればいいだけです。わざわざしがみ付く必要はないです。

「万が一、それに巻き込まれて死んだらどうするの？」という問いには、「その時は、その時が自分の寿命。その先のことはわかりません」と答えます。

　そういう心構えなので、地震も、火山噴火も、津波もそれほど脅威には思っていません。来た時には、それを受け入れます。また、そういう時代にいることも知っています。

では、「地球のために何かやっているのか？」という問いには「地球へのグラウンディングと、自然や動植物を愛でるぐらいです」と答えます。

　基本的に「地球のことは、地球に任せる」でいいと思っています。人間が地球をどうこうしようと思うこと自体が思い上がりだと思っています。

　大事なのは、心意氣です。

　地球を汚さない。掃除をしてきれいにする。そして、「地球に住まわせてくれてありがとう」と感謝をする。「今日もいい天気だね」「きれいに花が咲いているね」。そんなことだけで十分だと思っています。

　そんなに大きな事をする必要なし。難しい事をする必要もなし。

　すべての生き物を、地球で同じく生命をいただいて生きている同胞として見ることができれば、すべてに調和していくことは難しいことではないと思っています。

　そして、5次元アセンションしていくための鍵は、やはり意識の変化変容にあると思っています。人々の意識がアセンションに向かえば、その意識に従って社

会や世界が変わっていきます。

　５次元意識を持つ人が増え、広がっていくことによって、重い３次元の世界はだんだんと小さくなっていき、やがては５次元意識に統合されていく。

　地球と、高次元霊と、宇宙種族がその後押しをしている今がその時だと思っています。

「地球と共にアセンションしていく」という壮大なストーリーに夢を広げながらペンを置きたいと思います。

　　　　　　　　　　　２０２３年７月　著者しるす

【著者プロフィール】

りゅうりゅう（松下隆一）

1966年12月12日東京都生まれ。東京都在住。

少年時代、テレビや漫画のヒーローたちから正義と勇気を学び、青年期には、与える愛、生かす愛、許す愛を、その後、八正道、中道、空の思想を学ぶ。さらには調和と秩序と大和の心を学び光一元光明思想に到達。そのそれぞれを実践して育つ。

これからの宇宙時代に向け、プレアデス、シリウス、9次元アクトゥリアン評議会、そして銀河連合やアシュタール等のメッセージを傾聴し、宇宙種族の考え方を学んでいる。

著者にとってのスピリチュアルとは、精神的なもの、心や意識に関すること、霊的なものや霊的な世界、宗教、哲学、思想的なことすべてを含み、スピリチュアルという広い世界を探求しながら答えを見出し、精神的向上や人生に役立てていくということを旨として活動している。

本文デザイン・DTP／白石知美　安田浩也（システムタンク）

装丁／冨澤 崇（EBranch）

校正／あきやま貴子

編集／小田実紀

本書のご注文、内容に関するお問い合わせは
Clover出版あてにお願い申し上げます。

浄化、そしてアセンションへ

初版1刷発行 ● 2023年7月24日

著者

りゅうりゅう

発行者

小川 泰史

発行所

株式会社Clover出版

〒101-0051 東京都千代田区神田神保町3丁目27番地8　三輪ビル5階
Tel.03（6910）0605　Fax.03（6910）0606　http://cloverpub.jp

印刷所

日経印刷株式会社

©RyuRyu 2023, Printed in Japan
ISBN978-4-86734-160-5　C0011